聞いて慣れよう
日本語の敬語

場面で学ぶ日本語コミュニケーション

◉編著
坂本恵・高木美嘉・徳間晴美
◉著
宇都宮陽子・福島恵美子・丸山具子・
山本直美・吉川香緒子

スリーエーネットワーク

Published by 3A Corporation.
Trusty Kojimachi Bldg., 2F, 4, Kojimachi 3-Chome, Chiyoda-ku, Tokyo 102-0083, Japan

ISBN978-4-88319-929-7 C0081

First published 2023
Printed in Japan

まえがき

　本教材は、敬語を含む待遇表現の理解が日本語のコミュニケーションにおいて非常に重要でありながらも、その重要性を日本語学習者に十分に伝える教材が不足しているという問題意識から作成されました。執筆者は「待遇コミュニケーション」に関心を持つというつながりのある日本語教師８名です。

　敬語は形式も大切ですが、日本語学習者が日本の社会生活でさまざまな敬語が使われていることに気づくこと、そして、各場面で使われている敬語とその意図を理解し、適切に対応できるようになることが大切だと考えています。このような考えに基づき、今回、日常の生活場面で使われている会話を分析し、実際に使われている敬語を取り上げて教材化しました。その過程で、あらためて日本語のコミュニケーションにおける敬語の大切さも発見できました。

　この教材によって「敬語」に対する「難しそう」あるいは「面倒くさい」というイメージがなくなり、敬語を使ったコミュニケーションの機会が広がっていくことを願っています。

2023年10月　著者一同

目次 Contents 目次 Mục lục

はじめに

ユニット1 駅・交通機関 Stations/public transportation 车站・交通机关 Nhà ga, phương tiện giao thông

ユニット2 買い物 Shopping 购物 Mua sắm

がくしゅうこうもくいちらん

ユニット	場面	学習目標	意図	
1　駅・交通機関	1　駅・電車・バスで	アナウンスを聞き、注意しなければならないことを理解する。	お願い	
	2　新幹線で	少し長いアナウンスを聞き、必要な情報を理解する。	あいさつ 説明 お願い	
	3　観光案内所で	観光案内所で旅行に役立つ情報を聞き、理解する。	説明 確認	
2　買い物	1　服を買う	店員からの指示、勧めを聞き、何をするかを理解する。	申し出 説明 勧め お願い	
	2　電化製品を買う	店員に自分の希望を伝え、店員の話を理解する。	質問 お願い 確認	
	3　食べ物を買う	店員からの質問や確認に答え、説明を理解する。	質問 説明	
	4　プレゼントを買う	店のサービスやシステムについての説明を理解し、必要かどうかを判断して答える。	説明 質問 勧め	

敬語の形	例
尊敬語　お〈Ｖます形〉ください	おやめください
尊敬語　お〈Ｖます形〉になる	お降りになりましたら、……
尊敬語　ご〈ＶＮ〉くださる	ご遠慮くださる
謙譲丁重語　お〈Ｖます形〉いたします	お願いいたします
謙譲語　ご〈ＶＮ〉願います	ご注意願います
謙譲語　お〈Ｖます形〉願います	お立ち願います
尊敬語　ご〈ＶＮ〉くださる	ご利用くださいまして、……
丁寧語　でございます	金山行きでございます
丁重語　ございます＋否定	自由席はございません
尊敬語　ご〈ＶＮ〉	ご使用
尊敬語　ご〈なＡ〉	ご迷惑
謙譲語　ご〈ＶＮ〉する	ご説明します
尊敬語　ご〈ＶＮ〉になる＋可能＋否定	ご利用になれない
謙譲語　お〈Ｖます形〉いただく＋可能（＋否定）	お支払いいただけます／お使いいただけません
丁重語　ございます＋否定	ございませんか
尊敬語　お〈Ｖます形〉だ	お探しですか
謙譲語　お〈Ｖます形〉する	お持ちします／お呼びします
尊敬語　ご〈ＶＮ〉になる＋否定	ご試着になりませんか
謙譲語　ご〈ＶＮ〉する	ご案内します
尊敬語　お〈Ｖます形〉ください	お持ちください
謙譲語　お〈Ｎ〉	お取り寄せ
謙譲語　＊承る	承ります
尊敬語　＊なさる	いかがなさいますか
謙譲語　ご〈ＶＮ〉いただく＋可能	ご記入いただけますか
謙譲語　ご〈ＶＮ〉	ご配送
謙譲語　お〈Ｖます形〉する	お入れしますか／お付けしますか
尊敬語・謙譲語　＊召し上がる・お〈Ｖます形〉いただく＋可能	お召し上がりいただけます
尊敬語　＊なさる	（袋は）どうなさいますか
謙譲語＋丁重語　＊いただく＋〈Ｖて形〉おります	いただいております
尊敬語　お〈Ｖます形〉だ	お持ちですか
謙譲語　〈Ｖて形〉いただく	インストールしていただくと、……
謙譲丁重語　お〈Ｖます形〉いたします	お預かりいたします

ユニット	場面	学習目標	意図	
3 食事	1 電話で予約する	店員からの依頼や質問を理解し、必要な情報を伝える。	質問 説明 お願い	
	2 ファミレスで注文する	レストランの店員の説明を聞き、店内にある物の使い方やサービスの受け方を理解する。	お願い 説明	
	3 カフェで注文する	カフェで店員の説明や質問を理解し、必要な情報を伝えたり、確認したりする。	お願い 確認 説明	
	4 レストランで料理の説明を聞く	料理の食べ方や作り方について店員の説明を聞き、理解する。	申し出 説明	
4 公共施設	1 市役所で	必要な手続きに関する説明を聞き、理解する。	質問 確認 お願い	
	2 図書館で	図書館で、質問したことについて情報をもらい、理解する。	勧め 説明 お願い あいさつ	
	3 コミュニティーセンターで	自分以外の人に対する敬語に注意しながら、受付の人の説明を理解する。	説明 質問	

敬語の形	例
尊敬語　〜名様	何名様でいらっしゃいますか
尊敬語　〈N〉でいらっしゃる	
謙譲語　ご〈VN〉する＋可能	ご用意できます
謙譲語＋丁重語　＊いただく＋〈Vて形〉おります＋否定	いただいておりません
謙譲語＋丁重語　ご〈VN〉する＋〈Vて形〉おります	ご用意しております
謙譲語　ご〈VN〉いただく＋可能	ご連絡いただけますか
尊敬語　お〈Vます形〉になる	お決まりになりましたら、……
尊敬語　お〈Vます形〉ください	お知らせください
尊敬語　皆様	皆様スープをお召し上がりいただけます
尊敬語・謙譲語　＊召し上がる・お〈Vます形〉いただく＋可能	
尊敬語　ご〈副詞〉	ご自由に
尊敬語　お〈Vます形〉ください	お取りください
尊敬語　＊ご覧くださる	ご覧ください
謙譲語　お〈Vます形〉する	お作りします
尊敬語　お〈Vます形〉になる＋可能	お使いになれます
尊敬語　お〈Vます形〉だ	カフェラテ1点でお待ちのお客様
尊敬語　お〈N〉様	
尊敬語　お〈Vます形〉だ	何かお困りでしょうか
謙譲語　お〈Vます形〉いただく＋可能	お楽しみいただけます
謙譲語＋丁重語　ご〈VN〉する＋〈Vて形〉おります	ご用意しております
丁重語　〈Vて形〉おります	閉じ込めております
尊敬語　お〈Vます形〉だ	お持ちですか
尊敬語　お〈Vます形〉になる	お出しになって/お持ちになって
尊敬語　＊ご覧になる	ご覧になって
謙譲語　お〈Vます形〉いただく＋可能	お読みいただけます
尊敬語　ご〈VN〉になる＋可能＋否定	ご利用になれません
尊敬語　ご〈VN〉ください	ご注意ください
尊敬語　ご〈副詞〉	ごゆっくり
尊敬語　V（ら）れる＋ている	楽しまれています
尊敬語　＊なさる＋ている	お手伝いをなさっています
尊敬語　V（ら）れる	申し込まれますか
尊敬語　V（ら）れる＋たい	見学されたい方

ユニット	場面	学習目標	意図	
4　公共施設	4　スポーツセンターで	スポーツセンターの使い方について受付の人に説明してもらい、理解する。	説明 お願い	
5　生活	1　病院で	病院で自分の体調を伝え、指示を理解する。	質問 お願い	
	2　薬局で	薬局で薬剤師の質問や説明を理解する。	お願い 質問 あいさつ	
	3　美容院で	美容院で要望を伝えたり、指示を理解したりする。	あいさつ 質問 説明	
6　イベント	1　地域の体験イベント	大勢に向けて話される説明を聞き、理解する。	お願い 説明	
	2　入学式でのスピーチ	あらたまった場面でよく使われる特別な表現を理解する。	―	

敬語の形	例
謙譲語　お〈Vます形〉いただく	お支払いいただく
謙譲語　お〈Vます形〉いただく＋可能	お使いいただける
謙譲語　ご〈VN〉する＋ている	ご用意しています
謙譲語　〈Vて形〉いただく＋可能	参加していただける
謙譲語　お〈Vます形〉いただく＋可能	お待ちいただけますか
尊敬語　＊なさる	いかがなさいましたか
尊敬語　V（ら）れる	（病院に）かかられる
尊敬語　ご〈VN〉ください	ご記入ください
尊敬語　お〈Vます形〉ください	お出しください
尊敬語　お〈N〉	お口
尊敬語　お〈N〉	お次の方/お仕事
尊敬語　〈Vて形〉いらっしゃる	していらっしゃいますか
尊敬語　お〈Vます形〉になる＋ている	お飲みになっている
尊敬語　お〈Vます形〉だ	おありでしょうか
尊敬語　お〈副詞〉	お大事に
丁重語　〈VN〉いたします	担当いたします
尊敬語　＊なさる	どうなさいますか
尊敬語　お〈Vます形〉になる	お似合いになる
尊敬語　お〈いA〉	おかゆいところ
丁重語　ございます＋否定	ございませんか
謙譲語　お〈Vます形〉する	お手伝いします
尊敬語　お〈N〉	お席
尊敬語　＊いらっしゃる＋てください	取りにいらっしゃってください
尊敬語　〈Vて形〉いらっしゃる	座っていらっしゃる
謙譲語　お〈Vます形〉申し上げる	お喜び申し上げます
尊敬語　ご〈なA〉	ご多忙
尊敬語　ご〈VN〉	ご列席を賜り
謙譲語　〜を＊賜る	
謙譲語　御〈N〉申し上げる	御礼申し上げます
丁重語・尊敬語　〈Vて形〉おります・V（ら）れる	緊張しておられる
丁重語　いたします	いたします

List of Study Items   Regarding "intentions," please refer to p.12

Units	Situation	Study goals	Intentions	
1. Stations/public transportation	1. Stations/trains/buses	To listen to an announcement and understand what you need to be careful about.	Requests	
	2. On the bullet train	To listen to a slightly longer announcement and understand the necessary information.	Greetings Explanations Requests	
	3. At the tourist information center	To listen to and understand information that is useful when making a trip, at a tourist information office.	Explanations Confirmations	
2. Shopping	1. Buying clothes	To listen to instructions and recommendations from a staff member and understand what to do.	Offers Explanations Recommendations Requests	
	2. Buying electrical products	To convey your wishes to a staff member and understand what the staff member says.	Questions Requests Confirmations	
	3. Buying food	To answer questions and confirmations asked by a staff member, and understand the staff member's explanation.	Questions Explanations	
	4. Buying presents	To understand an explanation of the services and systems at a store, judge whether you need them or not, and answer accordingly.	Explanations Questions Recommendations	

The form of 敬語（けいご）	Examples
尊敬語（そんけいご）　お〈Vます形（けい）〉ください	おやめください
尊敬語（そんけいご）　お〈Vます形〉になる	お降（お）りになりましたら、……
尊敬語（そんけいご）　ご〈ＶＮ〉くださる	ご遠慮（えんりょ）くださる
謙譲丁重語（けんじょうていちょうご）　お〈Vます形〉いたします	お願（ねが）いいたします
謙譲語（けんじょうご）　ご〈ＶＮ〉願います	ご注意（ちゅうい）願（ねが）います
謙譲語（けんじょうご）　お〈Vます形〉願います	お立（た）ち願（ねが）います
尊敬語（そんけいご）　ご〈ＶＮ〉くださる	ご利用（りよう）くださいまして、……
丁寧語（ていねいご）　でございます	金山行（かなやまい）きでございます
丁重語（ていちょうご）　ございます＋否定	自由席（じゆうせき）はございません
尊敬語（そんけいご）　ご〈ＶＮ〉	ご使用（しよう）
尊敬語（そんけいご）　ご〈なＡ〉	ご迷惑（めいわく）
謙譲語（けんじょうご）　ご〈ＶＮ〉する	ご説明（せつめい）します
尊敬語（そんけいご）　ご〈ＶＮ〉になる＋可能（かのう）＋否定（ひてい）	ご利用（りよう）になれない
謙譲語（けんじょうご）　お〈Vます形（けい）〉いただく＋可能（＋否定）	お支払（しはら）いいただけます/お使（つか）いいただけません
丁重語（ていちょうご）　ございます＋否定	ございませんか
尊敬語（そんけいご）　お〈Vます形（けい）〉だ	お探（さが）しですか
謙譲語（けんじょうご）　お〈Vます形〉する	お持（も）ちします/お呼（よ）びします
尊敬語（そんけいご）　ご〈ＶＮ〉になる＋否定（ひてい）	ご試着（しちゃく）になりませんか
謙譲語（けんじょうご）　ご〈ＶＮ〉する	ご案内（あんない）します
尊敬語（そんけいご）　お〈Vます形〉ください	お持（も）ちください
謙譲語（けんじょうご）　お〈Ｎ〉	お取（と）り寄（よ）せ
謙譲語（けんじょうご）　＊承（うけたまわ）る	承（うけたまわ）ります
尊敬語（そんけいご）　＊なさる	いかがなさいますか
謙譲語（けんじょうご）　ご〈ＶＮ〉いただく＋可能（かのう）	ご記入（きにゅう）いただけますか
謙譲語（けんじょうご）　ご〈ＶＮ〉	ご配送（はいそう）
謙譲語（けんじょうご）　お〈Vます形（けい）〉する	お入（い）れしますか/お付（つ）けしますか
尊敬語・謙譲語（そんけいご・けんじょうご）　＊召（め）し上（あ）がる・お〈Vます形〉いただく＋可能（かのう）	お召（め）し上（あ）がりいただけます
尊敬語（そんけいご）　＊なさる	袋（ふくろ）はどうなさいますか
謙譲語＋丁重語（けんじょうご＋ていちょうご）　＊いただく＋〈Vて形（けい）〉おります	いただいております
尊敬語（そんけいご）　お〈Vます形〉だ	お持（も）ちですか
謙譲語（けんじょうご）　〈Vて形〉いただく	インストールしていただくと、……
謙譲丁重語（けんじょうていちょうご）　お〈Vます形〉いたします	お預（あず）かりいたします

Units	Situation	Study goals	Intentions	
3. Meals	1. Making reservations over the telephone	To understand the requests and questions asked by a staff member, and convey the necessary information.	Questions Explanations Requests	
	2. Ordering at a family restaurant	To listen to an explanation given by a restaurant staff member, and understand how to use the items in the restaurant and how to experience the services there.	Requests Explanations	
	3. Ordering at a cafe	To understand the explanations and questions from a cafe staff member, and convey and confirm the necessary information.	Requests Confirmations Explanations	
	4. Listening to explanations of dishes at a restaurant	To listen to and understand an explanation given by a staff member on how to eat and prepare certain dishes.	Offers Explanations	
4. Public facilities	1. At the city office	To listen to and understand an explanation on necessary procedures.	Questions Confirmations Requests	
	2. At the library	To obtain and understand information from questions asked at a library.	Recommendations Explanations Requests Greetings	
	3. At the community center	To understand an explanation given by a receptionist, while paying attention to the 敬語 used towards other people.	Explanations Questions	

The form of 敬語	Examples
尊敬語　〜名様	何名様でいらっしゃいますか
尊敬語　〈N〉でいらっしゃる	
謙譲語　ご〈VN〉する＋可能	ご用意できます
謙譲語＋丁重語　＊いただく＋〈Vて形〉おります＋否定	いただいておりません
謙譲語＋丁重語　ご〈VN〉する＋〈Vて形〉おります	ご用意しております
謙譲語　ご〈VN〉いただく＋可能	ご連絡いただけますか
尊敬語　お〈Vます形〉になる	お決まりになりましたら、……
尊敬語　お〈Vます形〉ください	お知らせください
尊敬語　皆様	皆様スープをお召し上がりいただけます
尊敬語・謙譲語　＊召し上がる・お〈Vます形〉いただく＋可能	
尊敬語　ご〈副詞〉	ご自由に
尊敬語　お〈Vます形〉ください	お取りください
尊敬語　＊ご覧くださる	ご覧ください
謙譲語　お〈Vます形〉する	お作りします
尊敬語　お〈Vます形〉になる＋可能	お使いになれます
尊敬語　お〈Vます形〉だ	
尊敬語　お〈N〉様	カフェラテ1点でお待ちのお客様
尊敬語　お〈Vます形〉だ	何かお困りでしょうか
謙譲語　お〈Vます形〉いただく＋可能	お楽しみいただけます
謙譲語＋丁重語　ご〈VN〉する＋〈Vて形〉おります	ご用意しております
丁重語　〈Vて形〉おります	閉じ込めております
尊敬語　お〈Vます形〉だ	お持ちですか
尊敬語　お〈Vます形〉になる	お出しになって/お持ちになって
尊敬語　＊ご覧になる	ご覧になって
謙譲語　お〈Vます形〉いただく＋可能	お読みいただけます
尊敬語　ご〈VN〉になる＋可能＋否定	ご利用になれません
尊敬語　ご〈VN〉ください	ご注意ください
尊敬語　ご〈副詞〉	ごゆっくり
尊敬語　V（ら）れる＋ている	楽しまれています
尊敬語　＊なさる＋ている	お手伝いをなさっています
尊敬語　V（ら）れる	申し込まれますか
尊敬語　V（ら）れる＋たい	見学されたい方

Units	Situation	Study goals	Intentions	
4. Public facilities	4. At the sports center	To obtain and understand an explanation of how to use the sports center from a receptionist.	Explanations Requests	
5. Everyday life	1. At the hospital	To convey your physical condition and understand instructions at a hospital.	Questions Requests	
	2. At the drugstore	To understand questions and explanations given by a pharmacist at a drugstore.	Requests Questions Greetings	
	3. At the hair salon	To convey your wishes at a hair salon and understand instructions.	Greetings Questions Explanations	
6. Events	1. At a community experience-based event	To listen to and understand an explanation given to a large number of people.	Requests Explanations	
	2. A speech at an entrance ceremony	To understand special expressions which are often used in formal situations.	—	

The form of 敬語（けいご）		Examples
謙譲語（けんじょうご）	お〈Vます形（けい）〉いただく	お支払（しはら）いいただく
謙譲語	お〈Vます形〉いただく＋可能（かのう）	お使（つか）いいただける
謙譲語	ご〈ＶＮ〉する＋ている	ご用意（ようい）しています
謙譲語	〈Vて形〉いただく＋可能	参加（さんか）していただける
謙譲語	お〈Vます形（けい）〉いただく＋可能	お待（ま）ちいただけますか
尊敬語（そんけいご）	＊なさる	いかがなさいましたか
尊敬語	Ｖ（ら）れる	（病院（びょういん）に）かかられる
尊敬語	ご〈ＶＮ〉ください	ご記入（きにゅう）ください
尊敬語	お〈Vます形（けい）〉ください	お出（だ）しください
尊敬語	お〈Ｎ〉	お口（くち）
尊敬語（そんけいご）	お〈Ｎ〉	お次（つぎ）の方（かた）/お仕事（しごと）
尊敬語	〈Vて形（けい）〉いらっしゃる	していらっしゃいますか
尊敬語	お〈Vます形〉になる＋ている	お飲（の）みになっている
尊敬語	お〈Vます形〉だ	おありでしょうか
尊敬語	お〈副詞（ふくし）〉	お大事（だいじ）に
丁重語（ていちょうご）	〈ＶＮ〉いたします	担当（たんとう）いたします
尊敬語（そんけいご）	＊なさる	どうなさいますか
尊敬語	お〈Vます形（けい）〉になる	お似合（にあ）いになる
尊敬語	お〈いＡ〉	おかゆいところ
丁重語	ございます＋否定（ひてい）	ございませんか
謙譲語（けんじょうご）	お〈Vます形（けい）〉する	お手伝（てつだ）いします
尊敬語	お〈Ｎ〉	お席（せき）
尊敬語	＊いらっしゃる＋てください	取（と）りにいらっしゃってください
尊敬語	〈Vて形〉いらっしゃる	座（すわ）っていらっしゃる
謙譲語（けんじょうご）	お〈Vます形（けい）〉申（もう）し上（あ）げる	お喜（よろこ）び申（もう）し上（あ）げます
尊敬語（そんけいご）	ご〈なＡ〉	ご多忙（たぼう）
尊敬語	ご〈ＶＮ〉	ご列席（れっせき）を賜（たまわ）り
謙譲語	〜を＊賜（たまわ）る	
謙譲語	御（おん）〈Ｎ〉申（もう）し上（あ）げる	御礼（おんれいもう）申（もう）し上（あ）げます
丁重語（ていちょうご）・尊敬語	〈Vて形〉おります・Ｖ（ら）れる	緊張（きんちょう）しておられる
丁重語	いたします	いたします

学习项目一览　关于"意图"请参照第12页

单元	场面	学习目标	意图	
1 车站·交通机关	1 在车站·电车上·公共汽车上	听广播,理解要加以注意的事项。	请求	
	2 在新干线上	听稍长一些的广播,理解必要的信息。	寒暄、打招呼 说明 请求	
	3 在观光咨询处	在观光咨询处,听懂对旅行有用的信息。	说明 确认	
2 购物	1 购买衣服	听店员的指示、推荐,弄懂做什么。	提议 说明 劝说、推荐 请求	
	2 购买家电	告诉店员自己的需求,理解店员的话。	提问 请求 确认	
	3 购买食物	回答店员的询问和确认,理解店员的说明。	提问 说明	
	4 购买礼品	理解有关商店的服务项目和服务规则的说明,判断是否需要并回答。	说明 提问 劝说、推荐	

敬語的形式	例
尊敬語　お〈Vます形〉ください	おやめください
尊敬語　お〈Vます形〉になる	お降りになりましたら、……
尊敬語　ご〈VN〉くださる	ご遠慮くださる
謙譲丁重語　お〈Vます形〉いたします	お願いいたします
謙譲語　ご〈VN〉願います	ご注意願います
謙譲語　お〈Vます形〉願います	お立ち願います
尊敬語　ご〈VN〉くださる	ご利用くださいまして、……
丁寧語　でございます	金山行きでございます
丁重語　ございます＋否定	自由席はございません
尊敬語　ご〈VN〉	ご使用
尊敬語　ご〈なA〉	ご迷惑
謙譲語　ご〈VN〉する	ご説明します
尊敬語　ご〈VN〉になる＋可能＋否定	ご利用になれない
謙譲語　お〈Vます形〉いただく＋可能（＋否定）	お支払いいただけます/お使いいただけません
丁重語　ございます＋否定	ございませんか
尊敬語　お〈Vます形〉だ	お探しですか
謙譲語　お〈Vます形〉する	お持ちします/お呼びします
尊敬語　ご〈VN〉になる＋否定	ご試着になりませんか
謙譲語　ご〈VN〉する	ご案内します
尊敬語　お〈Vます形〉ください	お持ちください
謙譲語　お〈N〉	お取り寄せ
謙譲語　＊承る	承ります
尊敬語　＊なさる	いかがなさいますか
謙譲語　ご〈VN〉いただく＋可能	ご記入いただけますか
謙譲語　ご〈VN〉	ご配送
謙譲語　お〈Vます形〉する	お入れしますか/お付けしますか
尊敬語・謙譲語　＊召し上がる・お〈Vます形〉いただく＋可能	お召し上がりいただけます
尊敬語　＊なさる	袋はどうなさいますか
謙譲語＋丁重語　＊いただく＋〈Vて形〉おります	いただいております
尊敬語　お〈Vます形〉だ	お持ちですか
謙譲語　〈Vて形〉いただく	インストールしていただくと、……
謙譲丁重語　お〈Vます形〉いたします	お預かりいたします

单元	场面	学习目标	意图	
3 吃饭	1 电话预约	理解店员的请求和询问,告诉店员必要的信息。	提问 说明 请求	
	2 在家庭餐厅点菜	听餐厅服务员的说明,理解店内物品的使用方法和接受服务的方法。	请求 说明	
	3 在咖啡馆点单	在咖啡馆,理解服务员的说明和询问,告诉对方必要的信息,并加以确认。	请求 确认 说明	
	4 在餐厅听关于料理的说明	听懂服务员有关料理的吃法和做法的说明。	提议 说明	
4 公共设施	1 在市政厅	听懂有关必要手续的说明。	提问 确认 请求	
	2 在图书馆	在图书馆,就询问的事情,获取并理解有关的信息。	劝说、推荐 说明 请求 寒暄、打招呼	
	3 在社区交流中心	注意对自己以外的人的**敬语**,与此同时听懂接待人员的说明。	说明 提问	

敬語的形式	例
尊敬語　〜名様	何名様でいらっしゃいますか
尊敬語　〈N〉でいらっしゃる	
謙譲語　ご〈VN〉する＋可能	ご用意できます
謙譲語＋丁重語　*いただく＋〈Vて形〉おります＋否定	いただいておりません
謙譲語＋丁重語　ご〈VN〉する＋〈Vて形〉おります	ご用意しております
謙譲語　ご〈VN〉いただく＋可能	ご連絡いただけますか
尊敬語　お〈Vます形〉になる	お決まりになりましたら、……
尊敬語　お〈Vます形〉ください	お知らせください
尊敬語　皆様	皆様スープをお召し上がりいただけます
尊敬語・謙譲語　*召し上がる・お〈Vます形〉いただく＋可能	
尊敬語　ご〈副詞〉	ご自由に
尊敬語　お〈Vます形〉ください	お取りください
尊敬語　*ご覧くださる	ご覧ください
謙譲語　お〈Vます形〉する	お作りします
尊敬語　お〈Vます形〉になる＋可能	お使いになれます
尊敬語　お〈Vます形〉だ	
尊敬語　お〈N〉様	カフェラテ1点でお待ちのお客様
尊敬語　お〈Vます形〉だ	何かお困りでしょうか
謙譲語　お〈Vます形〉いただく＋可能	お楽しみいただけます
謙譲語＋丁重語　ご〈VN〉する＋〈Vて形〉おります	ご用意しております
丁重語　〈Vて形〉おります	閉じ込めております
尊敬語　お〈Vます形〉だ	お持ちですか
尊敬語　お〈Vます形〉になる	お出しになって/お持ちになって
尊敬語　*ご覧になる	ご覧になって
謙譲語　お〈Vます形〉いただく＋可能	お読みいただけます
尊敬語　ご〈VN〉になる＋可能＋否定	ご利用になれません
尊敬語　ご〈VN〉ください	ご注意ください
尊敬語　ご〈副詞〉	ごゆっくり
尊敬語　V（ら）れる＋ている	楽しまれています
尊敬語　*なさる＋ている	お手伝いをなさっています
尊敬語　V（ら）れる	申し込まれますか
尊敬語　V（ら）れる＋たい	見学されたい方

单元	场面	学习目标	意图	
4 公共设施	4 在体育中心	听接待人员说明体育中心的利用方法，并加以理解。	说明 请求	
5 生活	1 在医院	在医院，告知自己的身体状况，对有关指示加以理解。	提问 请求	
	2 在药房	在药房，听懂药剂师的询问和说明。	请求 提问 寒暄、打招呼	
	3 在美发厅	在美发厅，告诉对方自己的要求，理解对方的指示。	寒暄、打招呼 提问 说明	
6 活动	1 社区的体验活动	听懂面向很多人的说明。	请求 说明	
	2 在开学典礼上的致辞	理解在郑重场合经常使用的特别表达。	—	

敬語的形式	例
謙譲語　お〈Vます形〉いただく	お支払いいただく
謙譲語　お〈Vます形〉いただく＋可能	お使いいただける
謙譲語　ご〈ＶＮ〉する＋ている	ご用意しています
謙譲語　〈Vて形〉いただく＋可能	参加していただける
謙譲語　お〈Vます形〉いただく＋可能	お待ちいただけますか
尊敬語　*なさる	いかがなさいましたか
尊敬語　Ｖ（ら）れる	（病院に）かかられる
尊敬語　ご〈ＶＮ〉ください	ご記入ください
尊敬語　お〈Vます形〉ください	お出しください
尊敬語　お〈Ｎ〉	お口
尊敬語　お〈Ｎ〉	お次の方/お仕事
尊敬語　〈Vて形〉いらっしゃる	していらっしゃいますか
尊敬語　お〈Vます形〉になる＋ている	お飲みになっている
尊敬語　お〈Vます形〉だ	おありでしょうか
尊敬語　お〈副詞〉	お大事に
丁重語　〈ＶＮ〉いたします	担当いたします
尊敬語　*なさる	どうなさいますか
尊敬語　お〈Vます形〉になる	お似合いになる
尊敬語　お〈いＡ〉	おかゆいところ
丁重語　ございます＋否定	ございませんか
謙譲語　お〈Vます形〉する	お手伝いします
尊敬語　お〈Ｎ〉	お席
尊敬語　*いらっしゃる＋てください	取りにいらっしゃってください
尊敬語　〈Vて形〉いらっしゃる	座っていらっしゃる
謙譲語　お〈Vます形〉申し上げる	お喜び申し上げます
尊敬語　ご〈なＡ〉	ご多忙
尊敬語　ご〈ＶＮ〉	ご列席を賜り
謙譲語　〜を*賜る	
謙譲語　御〈Ｎ〉申し上げる	御礼申し上げます
丁重語・尊敬語　〈Vて形〉おります・Ｖ（ら）れる	緊張しておられる
丁重語　いたします	いたします

Danh sách đề mục học

Xem thêm về "Ý định" ở tr.12

Cụm bài	Tình huống	Mục tiêu học	Ý định	
1 Nhà ga, phương tiện giao thông	1 Tại nhà ga, trên tàu điện, xe buýt	Nghe thông báo và hiểu điều cần phải chú ý.	Thỉnh cầu	
	2 Trên tàu siêu tốc	Nghe thông báo tương đối dài và hiểu thông tin cần thiết.	Chào hỏi Giải thích Thỉnh cầu	
	3 Tại văn phòng hướng dẫn du lịch	Nghe và hiểu thông tin cần thiết cho chuyến du lịch tại văn phòng hướng dẫn du lịch.	Giải thích Xác nhận	
2 Mua sắm	1 Mua quần áo	Nghe chỉ dẫn, đề xuất của nhân viên cửa hàng và hiểu sẽ làm gì.	Đề nghị Giải thích Đề xuất Thỉnh cầu	
	2 Mua thiết bị gia dụng	Truyền đạt ý muốn của mình với nhân viên cửa hàng và hiểu lời nhân viên nói.	Hỏi Thỉnh cầu Xác nhận	
	3 Mua thực phẩm	Trả lời câu hỏi hay câu xác nhận của nhân viên cửa hàng và hiểu lời giải thích.	Hỏi Giải thích	
	4 Mua quà tặng	Hiểu lời giải thích về dịch vụ hay hệ thống của cửa hàng và nhận định xem có cần thiết hay không rồi trả lời.	Giải thích Hỏi Đề xuất	

Dạng thức của 敬語	Ví dụ
尊敬語　お〈Vます形〉ください	おやめください
尊敬語　お〈Vます形〉になる	お降りになりましたら、……
尊敬語　ご〈VN〉くださる	ご遠慮くださる
謙譲丁重語　お〈Vます形〉いたします	お願いいたします
謙譲語　ご〈VN〉願います	ご注意願います
謙譲語　お〈Vます形〉願います	お立ち願います
尊敬語　ご〈VN〉くださる	ご利用くださいまして、……
丁寧語　でございます	金山行きでございます
丁重語　ございます＋否定	自由席はございません
尊敬語　ご〈VN〉	ご使用
尊敬語　ご〈なA〉	ご迷惑
謙譲語　ご〈VN〉する	ご説明します
尊敬語　ご〈VN〉になる＋可能＋否定	ご利用になれない
謙譲語　お〈Vます形〉いただく＋可能（＋否定）	お支払いいただけます/お使いいただけません
丁重語　ございます＋否定	ございませんか
尊敬語　お〈Vます形〉だ	お探しですか
謙譲語　お〈Vます形〉する	お持ちします/お呼びします
尊敬語　ご〈VN〉になる＋否定	ご試着になりませんか
謙譲語　ご〈VN〉する	ご案内します
尊敬語　お〈Vます形〉ください	お持ちください
謙譲語　お〈N〉	お取り寄せ
謙譲語　＊承る	承ります
尊敬語　＊なさる	いかがなさいますか
謙譲語　ご〈VN〉いただく＋可能	ご記入いただけますか
謙譲語　ご〈VN〉	ご配送
謙譲語　お〈Vます形〉する	お入れしますか/お付けしますか
尊敬語・謙譲語　＊召し上がる・お〈Vます形〉いただく＋可能	お召し上がりいただけます
尊敬語　＊なさる	袋はどうなさいますか
謙譲語＋丁重語　＊いただく＋〈Vて形〉おります	いただいております
尊敬語　お〈Vます形〉だ	お持ちですか
謙譲語　〈Vて形〉いただく	インストールしていただくと、……
謙譲丁重語　お〈Vます形〉いたします	お預かりいたします

Cụm bài	Tình huống	Mục tiêu học	Ý định	
3 Bữa ăn	1 Đặt chỗ qua điện thoại	Hiểu lời yêu cầu hay câu hỏi của nhân viên và truyền đạt thông tin cần thiết.	Hỏi Giải thích Thỉnh cầu	
	2 Đặt món tại nhà hàng gia đình	Nghe lời giải thích của nhân viên nhà hàng và hiểu cách dùng đồ vật hoặc cách tiếp nhận dịch vụ trong nhà hàng.	Thỉnh cầu Giải thích	
	3 Đặt món tại quán cà phê	Hiểu lời giải thích hoặc câu hỏi của nhân viên quán cà phê và truyền đạt hoặc xác nhận thông tin cần thiết.	Thỉnh cầu Xác nhận Giải thích	
	4 Nghe giải thích về món ăn trong nhà hàng	Nghe và hiểu lời giải thích của nhân viên về cách dùng hoặc cách nấu món ăn.	Đề nghị Giải thích	
4 Cơ quan công cộng	1 Tại ủy ban thành phố	Nghe giải thích về các thủ tục cần thiết và hiểu chúng.	Hỏi Xác nhận Thỉnh cầu	
	2 Tại thư viện	Tiếp nhận thông tin về điều mình hỏi tại thư viện và hiểu chúng.	Đề xuất Giải thích Thỉnh cầu Chào hỏi	
	3 Tại trung tâm cộng đồng	Vừa chú ý đến 敬語 dùng cho người khác ngoài bản thân mình vừa hiểu lời giải thích của nhân viên tiếp tân.	Giải thích Hỏi	

Dạng thức của 敬語	Ví dụ
尊敬語　〜名様	何名様でいらっしゃいますか
尊敬語　〈N〉でいらっしゃる	
謙譲語　ご〈VN〉する＋可能	ご用意できます
謙譲語＋丁重語　*いただく＋〈Vて形〉おります＋否定	いただいておりません
謙譲語＋丁重語　ご〈VN〉する＋〈Vて形〉おります	ご用意しております
謙譲語　ご〈VN〉いただく＋可能	ご連絡いただけますか
尊敬語　お〈Vます形〉になる	お決まりになりましたら、……
尊敬語　お〈Vます形〉ください	お知らせください
尊敬語　皆様	
尊敬語・謙譲語　*召し上がる・お〈Vます形〉いただく＋可能	皆様スープをお召し上がりいただけます
尊敬語　ご〈副詞〉	ご自由に
尊敬語　お〈Vます形〉ください	お取りください
尊敬語　*ご覧くださる	ご覧ください
謙譲語　お〈Vます形〉する	お作りします
尊敬語　お〈Vます形〉になる＋可能	お使いになれます
尊敬語　お〈Vます形〉だ	
尊敬語　お〈N〉様	カフェラテ1点でお待ちのお客様
尊敬語　お〈Vます形〉だ	何かお困りでしょうか
謙譲語　お〈Vます形〉いただく＋可能	お楽しみいただけます
謙譲語＋丁重語　ご〈VN〉する＋〈Vて形〉おります	ご用意しております
丁重語　〈Vて形〉おります	閉じ込めております
尊敬語　お〈Vます形〉だ	お持ちですか
尊敬語　お〈Vます形〉になる	お出しになって/お持ちになって
尊敬語　*ご覧になる	ご覧になって
謙譲語　お〈Vます形〉いただく＋可能	お読みいただけます
尊敬語　ご〈VN〉になる＋可能＋否定	ご利用になれません
尊敬語　ご〈VN〉ください	ご注意ください
尊敬語　ご〈副詞〉	ごゆっくり
尊敬語　V（ら）れる＋ている	楽しまれています
尊敬語　*なさる＋ている	お手伝いをなさっています
尊敬語　V（ら）れる	申し込まれますか
尊敬語　V（ら）れる＋たい	見学されたい方

Cụm bài	Tình huống	Mục tiêu học	Ý định	
4 Cơ quan công cộng	4 Tại trung tâm thể thao	Nhờ nhân viên tiếp tân giải thích về cách dùng trung tâm thể thao và hiểu nó.	Giải thích Thỉnh cầu	
5 Sinh hoạt	1 Tại bệnh viện	Truyền đạt về tình trạng cơ thể của mình và hiểu chỉ dẫn tại bệnh viện.	Hỏi Thỉnh cầu	
	2 Tại nhà thuốc	Hiểu câu hỏi và lời giải thích của dược sĩ tại nhà thuốc.	Thỉnh cầu Hỏi Chào hỏi	
	3 Tại tiệm làm đẹp	Truyền đạt yêu cầu và hiểu chỉ dẫn tại tiệm làm đẹp.	Chào hỏi Hỏi Giải thích	
6 Sự kiện	1 Sự kiện trải nghiệm của địa phương	Nghe và hiểu lời giải thích được nói hướng đến công chúng.	Thỉnh cầu Giải thích	
	2 Bài phát biểu tại lễ nhập học	Hiểu những mẫu diễn đạt đặc biệt thường được dùng trong tình huống trang trọng.	—	

Dạng thức của 敬語	Ví dụ
謙譲語 お〈Vます形〉いただく	お支払いいただく
謙譲語 お〈Vます形〉いただく＋可能	お使いいただける
謙譲語 ご〈VN〉する＋ている	ご用意しています
謙譲語 〈Vて形〉いただく＋可能	参加していただける
謙譲語 お〈Vます形〉いただく＋可能	お待ちいただけますか
尊敬語 *なさる	いかがなさいましたか
尊敬語 V（ら）れる	（病院に）かかられる
尊敬語 ご〈VN〉ください	ご記入ください
尊敬語 お〈Vます形〉ください	お出しください
尊敬語 お〈N〉	お口
尊敬語 お〈N〉	お次の方/お仕事
尊敬語 〈Vて形〉いらっしゃる	していらっしゃいますか
尊敬語 お〈Vます形〉になる＋ている	お飲みになっている
尊敬語 お〈Vます形〉だ	おありでしょうか
尊敬語 お〈副詞〉	お大事に
丁重語 〈VN〉いたします	担当いたします
尊敬語 *なさる	どうなさいますか
尊敬語 お〈Vます形〉になる	お似合いになる
尊敬語 お〈いA〉	おかゆいところ
丁重語 ございます＋否定	ございませんか
謙譲語 お〈Vます形〉する	お手伝いします
尊敬語 お〈N〉	お席
尊敬語 *いらっしゃる＋てください	取りにいらっしゃってください
尊敬語 〈Vて形〉いらっしゃる	座っていらっしゃる
謙譲語 お〈Vます形〉申し上げる	お喜び申し上げます
尊敬語 ご〈なA〉	ご多忙
尊敬語 ご〈VN〉	ご列席を賜り
謙譲語 ～を*賜る	
謙譲語 御〈N〉申し上げる	御礼申し上げます
丁重語・尊敬語 〈Vて形〉おります・V（ら）れる	緊張しておられる
丁重語 いたします	いたします

この本で学習するみなさんへ

日本で生活するとき、みなさんは敬語を「聞くこと」が多いのではないでしょうか。特に、駅や店、ホテルやレストラン、そして市役所などの公共施設で、敬語をよく聞きます。つまり、敬語を聞いて理解する力は、日本で生活するときに、とても重要なのです。

この本では、いろいろな場面でどのような敬語が使われているのか、聞くことを中心に練習します。敬語が理解できれば、相手が「伝えたいこと」を正しく理解することができて、社会生活も豊かになるでしょう。

この本の構成と学習方法は、次のようになっています。

対象　中級前半〜

構成と学習方法

はじめに

1.日本語の敬語を理解しよう

ここでは、日本語の敬語の種類と特色について説明しています。最初に読んで、敬語全体について理解しましょう。練習するときも、ここで敬語の意味や使い方を再確認しましょう。

2.話し手が伝えたいこと（意図）を理解しよう

この本では、店や施設で働いている人を「スタッフ」と呼びます。ここでは、スタッフが敬語を使って客などの利用者に伝えたいことについて、「お願い」「質問」などの「意図」を表す言葉を使って説明しています。

3.配慮を表す方法

配慮を表すいろいろな方法について理解しましょう。

ユニット1〜6　いろいろな場面で使われる敬語を聞いてみよう

アナウンスやスタッフの説明、スタッフと客との会話などを聞く練習です。いろいろな場面で実際に使われている話を聞いて、どのように敬語が使われているのか、スタッフは何が言いたいのかについて学習します。スタッフの伝えたいことを理解して、どう答えたらいいのかについても学習します。各ユニットはいくつかの場面に分かれており、その構成は、次のようになっています。

- 学習目標
- 聞く前に　　　：各場面の音声を聞く前に、イメージしてほしい場面とキーワード
- 聞きましょう1：内容理解（全体の内容に関する設問）
- 聞きましょう2：敬語理解（敬語を使った表現に関する設問）
- 聞きましょう3：音声スクリプトを見ながらの聴解練習
- 解説　　　　　：「聞きましょう2」の設問の解答と解説

各ユニットの最後に、そのユニットで学んだ内容に関連したチャレンジ問題があります。

音声　https://www.3anet.co.jp/np/books/3340/　にアクセスして聞いてください。

To the Users of This Textbook

You may often hear 敬語 in your everyday life in Japan. In particular, 敬語 is something you will often hear in stations, stores, hotels, restaurants and public facilities such as city offices. This means that developing the ability to understand 敬語 when you hear it is extremely important for living in Japan.

The practice exercises in this book center on listening to the kind of 敬語 used in various situations. Being able to understand 敬語 enables you to correctly understand what the other speaker "wants to convey," letting you lead a richer life as part of wider society.

The structure and study methods used in this book are as follows.

Target: Early intermediate learners and up

Structure and study methods

Introduction

1.Understanding Japanese 敬語

This section will describe the different types of 敬語 in Japanese, and their particular characteristics. Please read this section first so that you have an understanding of 敬語 in general. In addition, when you are doing the practice exercises, you should go back to this section and reconfirm the meaning of 敬語 and how it should be used.

2.Understanding what the speaker wants to convey (意図 (intention))

In this book, the person working at the store or facility in question is referred to as the "staff member" (スタッフ). In these situations, the nature of what the staff member is trying to convey to users such as customers using 敬語 is described using expressions that express his/her "intention," such as "request" or "question."

3.Ways to express consideration

Let's comprehend the various ways that you can express consideration.

Units 1~6 Listening to the 敬語 that is used in various situations

In these exercises, you will practice listening to explanations given in announcements and by staff members, to conversations between staff members and customers and the like. You will listen to the kind of language that is actually used in various situations, and learn how 敬語 is used and what the staff members are trying to say when they are using it. You will also learn how to understand what staff members are trying to convey and how you should answer them. Each unit is divided into a number of situations, with the following structure.

- Study goals
- Before you listen: A description of the situation you should imagine and relevant keywords to know before listening to the dialogue in the situation in question
- Listening 1: Understanding the contents (questions about the contents as a whole)
- Listening 2: Understanding the 敬語 (questions about the expressions which use 敬語)
- Listening 3: Practicing your listening comprehension of the script
- Explanation: Answers and explanations for the questions in Listening 2

At the end of each unit, you will find Challenge Questions which relate to the contents you have learned in the unit in question.

Audio: The audio can be accessed from
　　　　https://www.3anet.co.jp/np/books/3340/.

致本书学习者

在日本生活时，大家经常会"听到"敬語(けいご)吧？特别是在车站、商店以及旅馆和餐厅，还有市政厅等公共场所，都经常听到敬語。也就是说，在日本生活时，能听懂敬語的能力非常重要。

本书以练习听力为主，学习在各种场面使用什么样的敬語。如果听懂了敬語，就能正确理解对方"想要传达的内容"，社会生活也就会变得更加丰富多彩。

本书的构成和学习方法如下：

对象 中级前半～

构成和学习方法

前言

1.理解日语的敬語

在此，就日语敬語的种类和特色加以说明。先阅读这一章的内容，了解有关敬語的整体情况。练习时再次确认一下这里所说敬語的意思和使用方法。

2.理解说话人想要传达的内容（意図（意图））

本书把在商店和设施等处工作的人称为"工作人员（スタッフ）"。在此，就工作人员使用敬語向客人等利用者说想传达的事情，使用"请求"、"提问"等表示"意图"的用语来进行解说。

3.表示关切的方法

理解表示关切的各种方法。

单元1-6 听一下在各种场面所使用的敬語

练习听广播、工作人员的说明以及工作人员与客人之间的对话等。听一下在各种场面实际使用的表达，就是怎样使用的，工作人员想说什么进行学习。另外还要学习的是，理解了工作人员想要传达的内容之后应该怎样应答。各个单元的构成都分为几个场面，其各个场面的构成如下：

- 学习目标
- 收听之前：在收听各种场面的音声之前，希望先想象一下会出现的场面和关键词
- 听一听1：内容的理解（关于整体内容的提问）
- 听一听2：敬語的理解（关于所用敬語表达的提问）
- 听一听3：看着语音脚本做的听解练习
- 解说：对"听一听2"的提问的解答和解说

在各单元的最后，收有与该单元内容相关的挑战问题。

音声 请访问https://www.3anet.co.jp/np/books/3340/ 收听。

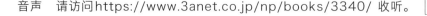

Dành cho người học bằng sách này

Khi sống ở Nhật Bản, ắt hẳn bạn rất hay "nghe" 敬語(けいご), đặc biệt là ở nhà ga, cửa hàng, khách sạn, nhà hàng và những cơ quan công cộng như ủy ban thành phố v.v. Nói cách khác, năng lực nghe và hiểu 敬語 là vô cùng quan trọng khi sinh sống tại Nhật Bản.

Trong sách này, bạn sẽ chủ yếu luyện nghe xem những loại 敬語 nào được sử dụng trong các tình huống khác nhau. Có hiểu được 敬語 thì mới hiểu đúng "điều muốn truyền đạt" của đối phương và việc sinh hoạt xã hội cũng trở nên phong phú hơn.

Cấu trúc của sách và phương pháp học như sau.

Đối tượng: từ nửa đầu trung cấp
Cấu trúc và phương pháp học
Lời mở đầu
1.Hiểu 敬語 trong tiếng Nhật

Chương này giải thích về chủng loại và đặc trưng của 敬語 trong tiếng Nhật. Đầu tiên, bạn hãy đọc chương này để hiểu khái quát về 敬語. Đến khi làm bài tập cũng hãy quay lại đây để kiểm tra lại ý nghĩa và cách dùng của 敬語.

2.Hiểu điều người nói muốn truyền đạt (意図(ý định))

Sách này gọi chung những người làm việc ở các cửa hàng hay cơ quan là "nhân viên(スタッフ)". Trong phần này, chúng tôi dùng những từ ngữ thể hiện các "ý định" như "thỉnh cầu", "hỏi" v.v. để giải thích về điều mà nhân viên muốn truyền đạt đến người sử dụng chẳng hạn như khách v.v. bằng 敬語.

3.Phương pháp thể hiện sự suy xét

Cùng hiểu về các phương pháp thể hiện sự suy xét.

Cụm bài 1 -6 Thử nghe các loại 敬語 được sử dụng trong các tình huống khác nhau

Bạn sẽ luyện nghe thông báo, phần giải thích của nhân viên hoặc cuộc nói chuyện giữa nhân viên và khách v.v. Qua việc nghe các câu chuyện được dùng thực tế trong nhiều tình huống, bạn sẽ học xem 敬語 được sử dụng như thế nào và nhân viên muốn nói điều gì. Bạn còn học được về cách trả lời hợp lý sau khi hiểu điều nhân viên muốn truyền đạt. Mỗi cụm bài bao gồm một vài tình huống, cấu trúc mỗi tình huống như sau.

● Mục tiêu học

● Trước khi nghe: Giới thiệu về tình huống bạn cần hình dung và từ khóa trước khi nghe phần tiếng của mỗi tình huống

● Nghe 1: Hiểu nội dung (câu hỏi về nội dung toàn bài)

● Nghe 2: Hiểu 敬語 (câu hỏi về mẫu diễn đạt có sử dụng 敬語)

● Nghe 3: Luyện vừa nghe hiểu vừa xem phần văn bản tiếng

● Giải thích: Đáp án và giải thích câu hỏi ở "Nghe 2"

Cuối mỗi cụm bài có bài tập thử sức liên quan đến nội dung vừa học trong cụm bài đó.

Phần tiếng: Mời truy cập vào https://www.3anet.co.jp/np/books/3340/ để nghe.

凡例 Explanation of Grammar Notation　凡例　Chú thích

	この本での意味	例
Ｖふつう形	動詞のふつう形	行く、食べる、来た、した、している
Ｖます形	動詞のます形	行き、食べ、来、し
Ｖない形	動詞のない形	行か、食べ、来、し
Ｖて形	動詞のて形	行って、食べて、来て、して
Ｖ（ら）れる	動詞の受身と同じ活用形	行かれる、見られる、来られる、される
いＡ	い形容詞（形容詞）	高い、安い、大きい、小さい
なＡ	な形容詞（形容動詞）	静かな、きれいな
Ａて形	形容詞（形容動詞）のて形	高くて、大きくて、しずかで、きれいで
Ｎ	名詞	本、忘れ物
ＶＮ	名詞（する）	説明（する）、案内（する）
＊	特別な形の敬語	＊いらっしゃる　＊いただく

「０（ゼロ）形」とは？

　初めて会った人や先生に話すときは、文末に「です」「ます」を使って話しますが、親しい友達や家族には「です」「ます」を使わないで話します。「です」「ます」を使った話し言葉は失礼になりませんが、「です」「ます」を使わない普通体で話すと、失礼になることがあります。

　このように多くの場合、誰に対しても失礼にならない話し言葉を、本書では「０（ゼロ）形」と呼びます。０形は、文末に来る形としては、「です」「ます」「〜てください」などですが、そのほか、文の途中（名詞修飾節、従属節など）に使われる言葉は「です」「ます」がつかなくても、ほとんどの場合失礼になりませんので、本書では０形としています。

敬語を使った表現〈例〉	０形
田中でございます	田中です
お作りします	作ります
お／ご〜願います、〜ようお願いいたします	〜てください

「0 （ゼロ）形」とは？

We use "desu" and "masu" at the end of sentences when speaking to people we are meeting for the first time and to teachers, but do not use these forms when speaking to close friends or family members. Using "desu" and "masu" in speech is never rude, however using plain verb forms without "desu" and "masu" can be rude in some situations.

For this reason, a way of speaking that won't be rude in many cases regardless of whom you are speaking to is referred to as "Level zero form" in this book. The Level zero form includes "desu," "masu" and "~te kudasai" used at the end of the sentences. Expressions used within a sentence, such as noun modification clauses and subordinate clauses, will not be rude in most cases, even without "desu/masu," so they are also considered to be the Level zero form in this book.

与初次见面的人和老师说话时，句尾要使用「です」「ます」。不过，亲近的朋友和家人之间说话，不使用「です」「ます」。使用「です」「ます」的口语不会失礼，但是如果说不使用「です」「ます」的普通体，有时会失礼。

像这样，在多数场合对谁都不会失礼的口语，本书将其称为"0（零）形"。跟在0形句尾的是「です」「ます」「〜てください」等，但是其他一些在句子中间（名词修饰节、从属节等）使用的用语，即便不接续「です」「ます」，在大多数场合也都是不失礼的，因此本书将其视为0形。

Khi nói chuyện với người mới gặp lần đầu hoặc giáo viên, ta dùng "です", "ます" ở cuối câu nhưng với bạn thân hoặc người trong gia đình thì không dùng "です", "ます". Văn nói có dùng "です", "ます" không bất lịch sự nhưng nếu nói bằng thể thông thường không dùng "です", "ます" thì có thể sẽ bất lịch sự.

Trong sách này, dạng văn nói không bị xem là bất lịch sự với mọi đối phương trong phần lớn trường hợp như đã để cập ở trên được gọi chung là "thể 0". Thể 0 khi đóng vai trò thể đứng ở cuối câu thì sẽ là "です", "ます", "〜てください" v.v. Ngoài ra, còn có những từ ngữ được dùng ở giữa câu (mệnh đề bổ nghĩa cho danh từ, mệnh đề phụ thuộc v.v.) dù không có "です", "ます" nhưng vì chúng không bất lịch sự trong hầu hết trường hợp nên vẫn được xem là thể 0 trong sách này.

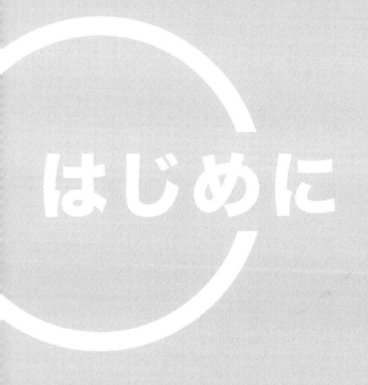

はじめに

1. 日本語の敬語を理解しよう

Understanding Japanese 敬語　理解日语的敬語　Hiểu 敬語 trong tiếng Nhật

■■ 敬語を使う目的　The purpose of using 敬語　使用敬語的目的　Mục đích sử dụng 敬語

敬語を使う目的は2つあります。

1つ目は、**相手や第三者（話の中に出てくる別の人）への尊重や配慮**です。例えば、店で店員は客を尊重しながら必要なやりとりをします。また、駅員は駅の利用者に配慮して案内したり、お願いしたりします。このようなとき、店員や駅員は、**敬語を使って話します。**

2つ目は、**場への配慮**です。例えば、学校や会社などの社会的な場や、入学式やスピーチなどを行うあらたまった場では、**敬語を使って話します。**

なお、この本では、説明をわかりやすくするため、人や場を尊重したり配慮したりすることを**高くする**と表現します。人に対する気持ちを表すもので、人と人との上下関係を意味しているわけではありません。

Using 敬語 has two purposes.

The first is **to show respect and consideration for the person whom the speaker is talking to or a third party (who is mentioned in the conversation)**. For example, a staff member in a store shows respect to the customer during the interactions that are necessary. A staff member at a station shows consideration towards users when making an announcement or asking them to do things. The staff members at stores and stations therefore use 敬語 when speaking.

The second purpose is **to show consideration for a situation**. For example, in social situations such as schools or companies, or in formal situations such as when an entrance ceremony is held or speeches are made, 敬語 is used when speaking.

In this book, to make the explanations easier to understand, we use the phrase 高くする (elevate) to describe showing respect or consideration towards a person or place. This kind of respect or consideration is about expressing a feeling towards others, and does not necessarily imply that different people are considered to be in "higher" or "lower" positions, relative to each other.

使用**敬語**的目的有两个。

第一个是**对对方和第三者（对话中出现的其他人）的尊重和关照**。比如，在商店里，店员为表示尊重，很客气地与客人进行必要的对话。另外，对于车站的使用者，车站工作人员会很有礼貌地去引导，或请求他们的协助。在这样的场合，店员和车站工作人员说话使用**敬語**。

第二个是出于**对场所、场合的考虑**。比如，在学校和公司等公共性场所，或在举行开学典礼和演讲等郑重的场合，说话使用**敬語**。

另外，为了让解说简单易懂，本书把对人的尊重和对场所、场合的考虑以**高くする**（提高）来表现。所表达的是对他人的心情，并不意味着人与人之间的上下关系。

敬語 được sử dụng với 2 mục đích.

Mục đích thứ nhất là **sự tôn trọng hoặc suy xét đến đối phương hoặc người thứ 3 (người được nhắc đến trong câu chuyện)**. Chẳng hạn như nhân viên trong cửa hàng trao đổi điều cần thiết với thái độ tôn trọng khách, hoặc nhân viên nhà ga hướng dẫn, yêu cầu hành khách trên cơ sở có suy xét đến họ. Trong những trường hợp như vậy, nhân viên cửa hàng hay nhân viên nhà ga sẽ dùng "敬語" khi nói.

Mục đích thứ hai là **sự suy xét đến địa điểm**. Ví dụ như người ta sẽ dùng "敬語" khi nói chuyện ở những nơi mang tính cộng đồng như trường học, công ty v.v., hoặc những nơi trang trọng diễn ra sự kiện như lễ nhập học, bài phát biểu v.v.

Ngoài ra, để giúp bạn dễ hiểu, trong sách này chúng tôi diễn đạt việc tôn trọng, suy xét người hoặc địa điểm bằng cụm từ "高くする(để cao)". Nó biểu thị tình cảm dành cho người khác chứ không phải để chỉ mối quan hệ trên dưới giữa người với người.

■ 敬語の種類　①尊敬語、②謙譲語、③丁重語、④謙譲丁重語、⑤丁寧語、⑥美化語

① 尊敬語

　尊敬語とは、相手や第三者などの人を高く表す敬語です。動作を尊敬語で表現することによって、その**動作をする人**を高くします。例えば、店員や駅員は、**客の動作**を尊敬語で表現します。尊敬語には、「Ｖ（ら）れる」、**特別な形の尊敬語**、「お〈Ｖます形〉になる」、「ご〈ＶＮ〉になる」、「お〈Ｖます形〉だ」、「ご〈ＶＮ〉だ」などがあります。

尊敬語 refers to a type of 敬語 used by the speaker to elevate the position of the person the speaker is talking to or a third party. Using 尊敬語 to denote an action elevates **the position of the person taking the action**. For example, a staff member at a store or station uses 尊敬語 to denote **the customer's actions**. 尊敬語 includes Ｖ（ら）れる, 特別な形の尊敬語 (respectful expressions taking special forms), お〈Ｖます形〉になる, ご〈ＶＮ〉になる, お〈Ｖます形〉だ and ご〈ＶＮ〉だ.

尊敬語是表示把对方及第三者等人高く的敬语。由于以尊敬語来表达动作，便起到了高く**做这个动作的行为者**的作用。比如，店员和车站工作人员以尊敬語来表现**客人的动作**。尊敬語有「Ｖ（ら）れる」、特別な形の尊敬語（特别形式的尊敬語）、「お〈Ｖます形〉になる」、「ご〈ＶＮ〉になる」、「お〈Ｖます形〉だ」、「ご〈ＶＮ〉だ」等。

尊敬語 là 敬語 thể hiện sự để cao (高く) đối phương hoặc người thứ 3 v.v. Bằng việc dùng 尊敬語 để biểu hiện hành động, người nói để cao (高く) **người thực hiện hành động** đó. Ví dụ nhân viên cửa hàng hoặc nhân viên nhà ga nói về **hành động của khách** bằng 尊敬語. 尊敬語 có "Ｖ（ら）れる", 特別な形の尊敬語 (尊敬語 dạng đặc biệt), "お〈Ｖます形〉になる", "ご〈ＶＮ〉になる", "お〈Ｖます形〉だ", "ご〈ＶＮ〉だ" v.v.

０形を使った表現	敬語を使った表現（下線部が敬語）	
（客が）帰ります	帰<u>られ</u>ます	【Ｖ（ら）れる】
（客が）行きます	<u>いらっしゃい</u>ます	【特別な形の尊敬語】
（客が）降ります	<u>お</u>降<u>りになり</u>ます	【お〈Ｖます形〉になる】
（客が）利用します	<u>ご</u>利用<u>になり</u>ます	【ご〈ＶＮ〉になる】
（客が）待っています	<u>お</u>待<u>ちです</u>	【お〈Ｖます形〉だ】
（客が）利用します	<u>ご</u>利用<u>です</u>	【ご〈ＶＮ〉だ】

　客が持っているものや客に関係あるもの（Ｎ）、客の行動（ＶＮ）、客の様子などの状態（いＡ／なＡ）を、「お〈Ｎ〉」や「ご〈Ｎ／ＶＮ〉」「お〈いＡ／なＡ〉」などを使って高くすることもあります。

Things possessed by or connected with the customer (N), the customer's actions (VN) or the condition such as the appearance of the customer (いA／なA) are also elevated by using お〈N〉, ご〈N／VN〉, お〈いA／なA〉and the like.

也有使用「お〈N〉」及「ご〈N／VN〉」「お〈いA／なA〉」等用语，把客人所持物品以及与客人有关的物品（N）、客人的行动（VN）、客人的样子等的状态（いA／なA）来高く的。

Cũng có khi dùng "お〈N〉" hay "ご〈N／VN〉", "お〈いA／なA〉" v.v để để cao (高く) vật mà khách sở hữu hoặc liên quan đến khách (N), hành động của khách (VN), trạng thái ví dụ như tình trạng của khách (いA／なA).

0形を使った表現	敬語を使った表現（下線部が敬語）	
（客の）忘れもの／熱	お忘れもの／お熱	【お〈N〉】
（客の）住所	ご住所	【ご〈N〉】
（客の）利用	ご利用	【ご〈VN〉】
（客が）若い	お若い	【お〈いA〉】
（客が）静かな	お静かに（お願いします）	【お〈なA〉】
（客が）立派な	ご立派な	【ご〈なA〉】
（客が）ゆっくり	ごゆっくり	【ご〈副詞〉】

「〈N〉をくれる」「〈Vて形〉くれる」は、ものの提供や相手の行動に対する感謝の意味がありますが、その尊敬語は「〈N〉をくださる」「〈Vて形〉くださる」です。

The forms 〈N〉をくれる and 〈Vて形〉くれる express a sense of gratitude towards the provision of something or an action performed by the other person; the 尊敬語 equivalents of these expressions are〈N〉をくださる and〈Vて形〉くださる.

「〈N〉をくれる」「〈Vて形〉くれる」含有对提供物品和对方的行动表示感谢的意思，其尊敬语是「〈N〉をくださる」「〈Vて形〉くださる」。

"〈N〉をくれる", "〈Vて形〉くれる" hàm ý biết ơn đối với việc được cho đồ vật hoặc hành động của đối phương, tôn kính ngữ là "〈N〉をくださる", "〈Vて形〉くださる".

0形を使った表現	敬語を使った表現（下線部が敬語）
（客が）連絡をくれました	連絡をくださいました
（客が）連絡をしてくれました	連絡をしてくださいました
（客が）電話してくれるとうれしいです	電話してくださるとうれしいです

相手に丁寧に依頼したり、注意したりするときは、「お〈Vます形〉ください（ませ）」や「ご〈VN〉ください（ませ）」という表現を使います。

When the speaker is politely making a request of or cautioning the other person, お〈Vます形〉ください（ませ）orご〈VN〉ください（ませ）are used.

有礼貌地请求、或提醒对方时，使用「お〈Vます形〉ください（ませ）」「ご〈VN〉ください（ませ）」这类表达。

Khi lịch sự yêu cầu hoặc lưu ý đối phương thì dùng mẫu diễn đạt "お〈Vます形〉ください（ませ）", "ご〈VN〉ください（ませ）".

0形を使った表現	敬語を使った表現（下線部が敬語）
（客に対して）入ってください	お入りください（ませ）　（×お入りしてください）
（客に対して何かを）注意してください	ご注意ください（ませ）　（×ご注意してください）

② 謙譲語

　謙譲語とは、高くしたい人に向かう自分の動作を表現する敬語です。**高くしたい人に関係する自分の動作**を謙譲語で表現することによって、その人を高くします。例えば、店員や駅員は、客に関係する**自分の動作**を謙譲語で表現します。謙譲語には、「**お〈Vます形〉する**」、「**ご〈VN〉する**」、**特別な形の謙譲語**などがあります。

謙譲語 refers to a type of 敬語 and is used for the speaker's own actions carried out for or towards a person that the speaker wants to elevate the position of. By using 謙譲語 to express **the speaker's actions carried out for or towards another person**, the speaker elevates the position of that person. For example, staff members at stores and stations use 謙譲語 to denote **their own actions** that are connected with customers. 謙譲語 includes お〈Vます形〉する, ご〈VN〉する and 特別な形の謙譲語 (humble expressions taking special forms).

謙譲語是表达面对想高く的人所做的自己的动作的敬語。对**关系到想高く的人所做的自己的动作**，要用謙譲語来表现，以把那个人高く。比如，店员和车站工作人员会用謙譲語来表达与客人相关的**自己的动作**。謙譲語有「お〈Vます形〉する」、「ご〈VN〉する」、特別な形の謙譲語（特别形式的謙譲語）等。

謙譲語 là 敬語 nói về hành động của bản thân hướng đến người mà mình muốn đề cao (高く). Qua việc biểu thị **hành động của bản thân có liên quan đến người mà mình muốn đề cao** (高く) bằng 謙譲語, ta sẽ đề cao (高く) người đó lên. Ví dụ, nhân viên cửa hàng hoặc nhân viên nhà ga nói về **hành động của bản thân** có liên quan đến khách bằng 謙譲語. 謙譲語 có "お〈Vます形〉する", "ご〈VN〉する", 特別な形の謙譲語 (謙譲語 dạng đặc biệt) v.v.

0形を使った表現	敬語を使った表現（下線部が敬語）	
（私（＝店員）が客に）尋ねます	お尋ねします	【お〈Vます形〉する】
（私（＝店員）が客に）説明します	ご説明します	【ご〈VN〉する】
（私（＝店員）が客から）1,000円もらいます	1,000円いただきます	【特別な形の謙譲語】

　高くしたい人に関係のない自分の動作は謙譲語にしません。例えば、自己紹介で「私は今年4月にご来日しました。」や「私は8時の飛行機にお乗りしました。」とは言いません。自分が来日したことや飛行機に乗ったことは、ほかの人と関係のない動作だからです。

謙譲語 is not used to denote the speaker's own actions that have no connection with the person whom the speaker wants to elavate the position of. For example, speakers giving a self-introduction do not say 私は今年４月にご来日しました or 私は８時の飛行機にお乗りしました. This is because the speaker's coming to Japan and boarding the plane are not connected with the person he/she is speaking to.

与想高く的人无关的自己的动作不使用謙譲語。比如，自我介绍时不说「私は今年４月にご来日しました。」，或「私は８時の飛行機にお乗りしました。」。因为自己来日本和乘飞机，都是与他人无关的动作。

Không dùng 謙譲語 cho hành động của bản thân không liên quan đến người mình muốn đề cao (高く). Ví dụ, khi tự giới thiệu, không nói "私は今年４月にご来日しました。" hay "私は８時の飛行機にお乗りしました。". Đó là vì việc mình đến Nhật, lên máy bay là những hành động không liên quan đến người khác.

「～ていただく」（「お〈Ｖます形〉いただく」「ご〈ＶＮ〉いただく」）は「～てもらう」の謙譲語です。例えば、店員が客に「ここに名前を書いていただきます（お書きいただきます、ご記入いただきます）。」と言うと、「お客様が名前を書いたら私（＝店員）が感謝します」という気持ちを表します。「～ていただく」を使うときの注意点は、ほかの謙譲語と違って、「～ていただく」の「～」に入る動詞は自分の動作ではなくて、**相手の（ほかの人の）動作**であることです。

～ていただく（お〈Ｖます形〉いただく，ご〈ＶＮ〉いただく）is the 謙譲語 equivalent to ～てもらう. For example, when a store staff member says ここに名前を書いて<u>いただきます</u>（お書き<u>いただきます</u>、ご記入<u>いただきます</u>）to a customer, this expresses the feeling of "I (= the store staff member) am grateful for you, the customer, writing your name here." The point to be careful of, when using ～ていただく, is to remember that, unlike in other examples of 謙譲語, the verb used in the place of "～" in ～ていただく is not an action performed by the speaker, but **an action performed by the person the speaker is talking to (the other person)**.

「～ていただく」（「お〈Ｖます形〉いただく」「ご〈ＶＮ〉いただく」）是「～てもらう」的謙譲語。比如，店员对客人说「ここに名前を書いて<u>いただきます</u>（お書き<u>いただきます</u>、ご記入<u>いただきます</u>）。」，表达了"要是承蒙写上姓名，我（＝店员）非常感谢"这种心情。使用「～ていただく」时要注意的是，它和其他謙譲語不同，「～ていただく」的「～」中的动词不是自己的动作，而是**对方（他人）的动作**。

"～ていただく"（"お〈Ｖます形〉いただく"，"ご〈ＶＮ〉いただく"）là 謙譲語 của "～てもらう". Ví dụ, nếu nhân viên cửa hàng nói với khách "ここに名前を書いて<u>いただきます</u>（お書き<u>いただきます</u>、ご記入<u>いただきます</u>）." thì sẽ thể hiện được ý "nếu quý khách viết tên thì tôi (= nhân viên) sẽ rất biết ơn". Điểm lưu ý khi dùng "～ていただく" là: không giống với những 謙譲語 khác, động từ ở "～" trong "～ていただく" không phải là hành động của bản thân mà là **hành động của đối phương (người khác)**.

また、「いただく」は特に依頼の場合、可能の形「<u>いただけます</u>」「<u>いただけません</u>」に変えることがあります（下線部が敬語）。

In particular, when the verb いただく is used to make a request, it can also take the potential forms <u>いただけます</u> and <u>いただけません</u> (in these expressions, the underlined portions represent the 敬語).

另外,「いただく」特別是用在请求的场合, 有时会变成可能形「いただ**け**ます」「いただ**け**ません」(下划线部分为**敬语**)。

Ngoài ra, đặc biệt trong trường hợp yêu cầu người khác, "いただく" còn được chuyển sang thể khả năng "いただ**け**ます", "いただ**け**ません" (phần gạch dưới là **敬語**).

例　（私（＝店員）が客に）ここにお名前を書い<u>ていただき</u>ます。　　　書く人＝「客」

　　（私（＝店員）が客に）お名前を教え<u>ていただけ</u>ますか。　　　教える人＝「客」

「〈Vない形〉(さ) せ<u>ていただく</u>」「お〈Vます形〉させ<u>ていただく</u>」「お／ご〈VN〉させ<u>ていただく</u>」は、相手の許可をもらって自分が行動していて、それに感謝していることを表す表現です（下線部が敬語）。

The forms 〈Vない形〉(さ) せていただく, お〈Vます形〉させていただく and お／ご〈VN〉させていただく express the idea that the speaker is performing an action with the permission of the person he/she is talking to, and is grateful for this (the underlined portions represent the 敬語).

「〈Vない形〉(さ) せていただく」「お〈Vます形〉させていただく」「お／ご〈VN〉させていただく」这样的表达, 是在就得到对方允许后自己的行动向对方表示感谢（下划线部分为**敬语**）。

"〈Vない形〉(さ) せていただく", "お〈Vます形〉させていただく", "お／ご〈VN〉させていただく" là các mẫu diễn đạt thể hiện rằng mình thực hiện hành động với sự cho phép của đối phương và sự biết ơn đối với điều đó(phần gạch dưới là **敬語**).

例　（（私＝店員）が）こちらにかばんを置か<u>せていただき</u>ます。　　置く人＝「私」

　　（（私＝店員）が）パンフレットを<u>お送りさせていただき</u>ます。　　送る人＝「私」

　　（（私＝店員）が）<u>お返事させていただき</u>ます。　　　　　　　　　返事する人＝「私」

　　（（私＝店員）が）店内を<u>ご案内させていただき</u>ます。　　　　　　案内する人＝「私」

③ 丁重語

　丁重語は、自分の動作やものごとをあらたまって表現する敬語です。店や会社などの社会的な場や、入学式やスピーチを行うようなあらたまった場では、その場に合うように丁重語を使って話します。丁重語はそれぞれ形が決まっていて、いつも「ます」と一緒に使います。

丁重語 refers to a type of 敬語 which expresses the speaker's own actions or things in a formal way. In social situations in a store or company, or in formal situations such as when an entrance ceremony is held or speeches are made, 丁重語 is used when speaking, as being suited to the situation. Each example of 丁重語 takes its own specific form, and verbs are always used in the ます form.

丁重語是郑重地表达自己的动作和事情的**敬语**。在商店和公司等公共性场所, 以及举行开学典礼或演讲等郑重场合, 使用适合于该场所、场合的丁重语。丁重语有其各自固有的形态、总是和「ます」一起使用。

丁重語 là 敬語 thể hiện hành động của bản thân hay sự vật, sự việc một cách trang trọng. Ở những nơi mang tính cộng đồng như cửa hàng, công ty v.v., hoặc những nơi trang trọng diễn ra sự kiện như lễ nhập học, bài phát biểu v.v., ta sẽ dùng 丁重語 khi nói chuyện để phù hợp với địa điểm. 丁重語 có từng dạng thức cố định và luôn dùng kèm với "ます".

0形を使った表現	敬語を使った表現（下線部が敬語）
（駅員が客に）すぐ、行きます	すぐ、まいります
（店員が客に）商品はここにあります	商品はこちらにございます
（店員が客に）今日、私田中が担当します	本日、私田中が担当いたします
（店員が客に）ここにいますので、いつでも呼んでください	こちらにおりますので、いつでもお呼びください

④ 謙譲丁重語

　謙譲丁重語とは、相手に関係する自分の動作を丁重に表現する敬語で、形は「お／ご〈Vます形／VN〉いたします」です。相手を高くする「謙譲語」と自分の行動をあらたまって表現する「丁重語」、これら２つの性質を持っているので「謙譲丁重語」と呼びます。

謙譲丁重語 refers to a type of 敬語 used to politely denote an action performed by the speaker that is connected with the person the speaker is talking to; it takes the form お／ご〈Vます形／VN〉いたします. It is referred to as 謙譲丁重語 because it combines two sets of properties: those of 謙譲語, which elevates the position of the person the speaker is talking to, and 丁重語, which denotes actions performed by the speaker in a formal manner.

謙譲丁重語是郑重地表现与对方有关的自己动作的敬語，其形态为「お／ご〈Vます形／VN〉いたします」。由于它具有表达高くする对方的「謙譲語」，以及郑重表达自己行动的「丁重語」这两种性质，所以称之为「謙譲丁重語」。

謙譲丁重語 là 敬語 thể hiện một cách lịch sự hành động của bản thân có liên quan đến đối phương, có dạng "お／ご〈Vます形／VN〉いたします". Vì mang tính chất của 謙譲語 là cao くする đối phương, và tính chất của 丁重語 là thể hiện một cách trang trọng hành động của bản thân nên nó được gọi là "謙譲丁重語".

0形を使った表現	敬語を使った表現（下線部が敬語）
（店員が客に）説明します	ご説明いたします
（店員が客のものを）預かります	お預かりいたします

⑤ 丁寧語

　丁寧語とは、聞き手に対して丁寧に言うための敬語で、形は「〈N／いA／なA〉です」「〈Vます形〉ます」です。そのほかに、もっと丁寧な「〈N〉でございます」もあり、駅や店などでよく使われます（下線部が敬語）。

　　例　こちらがLサイズです（でございます）。
　　　　食べます。

丁寧語 refers to the type of 敬語 that is used for speaking politely to listeners, and takes the forms〈N／いA／なA〉です and〈Vます形〉ます. There is also a more polite form〈N〉でございます, which is often used in stations, stores and the like (the underlined portion of the expression represents 敬語).

丁寧語是用于礼貌地对听话人说话的**敬语**，其形态为「〈N／いA／なA〉です」「〈Vます形〉ます」。此外，还有更为礼貌的表达「〈N〉でございます」，在车站、商店等处经常使用（下划线部分为**敬语**）。

丁寧語 là 敬語 dùng để nói một cách lịch sự với người nghe, có dạng "〈N／いA／なA〉です", "〈Vます形〉ます". Ngoài ra còn có dạng lịch sự hơn nữa là "〈N〉でございます", thường được dùng ở nhà ga, cửa hàng v.v. (phần gạch dưới là 敬語).

⑥ 美化語

　美化語は、言葉をきれいに表現したい、丁寧に言いたいときに使う敬語です。相手を高くするためではなく、単にそのものをきれいに表現するために使います。「お／ご〈N／VN〉」などの形で使います（下線部が敬語）。

美化語 refers to the type of 敬語 that is used to express words in a more beautiful way and sound polite. This form is used not to 高くする the person the speaker is talking to, but merely to describe the idea or object itself more beautifully. It is used in forms such as お／ご〈N／VN〉 (the underlined portion of the expression represents 敬語).

美化語是用于想要表达得漂亮，谈吐有礼貌时使用的**敬语**。这并不是为了高くする对方，只是为把语言表达得漂亮。使用「お／ご〈N／VN〉」等形态（下划线部分为**敬语**）。

美化語 là 敬語 dùng khi muốn làm đẹp ngôn từ, muốn nói một cách lịch sự. 美化語 không dùng để 高くする đối phương, mà chỉ để thể hiện sự vật, sự việc một cách văn vẻ. Dạng thức được sử dụng là "お／ご〈N／VN〉" v.v. (phần gạch dưới là 敬語).

例　お茶とお弁当はあちらで売っています。
　　お手洗いはお２階です。

「お／ご〈N／VN〉」は美化語だけでなく、尊敬語や謙譲語の場合もあります（下線部が敬語）。

The form お／ご〈N／VN〉 is found not only in 美化語 as described here, but also in 尊敬語 and 謙譲語 (the underlined portion of the expression represents 敬語).

「お／ご〈N／VN〉」不仅是美化语，有时也是**尊敬语**和**谦让语**（下划线部分为**敬语**）。

"お／ご〈N／VN〉" không chỉ là 美化語 mà còn có trường hợp là 尊敬語 hay 謙譲語 (phần gạch dưới là 敬語).

例　美化語：このお手紙セットは５００円です。
　　尊敬語：先生のお手紙を読みました。
　　　　　　（先生からの手紙　a letter from the teacher　老师的来信　thư từ giáo viên）
　　謙譲語：私は先生にお手紙を書きました。
　　　　　　（私から先生への手紙　a letter from myself to the teacher　我给老师的信
　　　　　　thư tôi gửi cho giáo viên）

例　美化語：登校したら、朝のご挨拶をしましょう。

　　　尊敬語：先生からみなさんにご挨拶をいただきます。

　　　　　　　（先生のする挨拶　a greeting speech performed by the teacher

　　　　　　　老师的致辞　bài phát biểu của giáo viên）

　　　謙譲語：これから、私から皆様にご挨拶をさせていただきます。

　　　　　　　（私のする挨拶　a greeting speech performed by myself

　　　　　　　我的致辞　bài phát biểu của tôi）

● 謙譲語＋丁重語

「お待たせしております」は、謙譲語「お待たせする」と丁重語「おります」を合わせた敬語です。このように、謙譲語「お〈Ｖます形〉する」と丁重語「〈Ｖて形〉おります」を合わせた敬語を、本書では「謙譲語＋丁重語」と表します。

お待たせしております is a combination of 謙譲語 "お待たせする" and 丁重語 "おります." In this way, the combination of 謙譲語 "お〈Ｖます形〉する" and 丁重語 "〈Ｖて形〉おります" is referred to as "謙譲語＋丁重語" in this book.

「お待たせしております」是謙譲語「お待たせする」和丁重語「おります」组合而成的敬语。像这样，謙譲語「お〈Ｖます形〉する」和丁重語「〈Ｖて形〉おります」组合而成的敬语在本书中称为「謙譲語＋丁重語」。

"お待たせしております" là 敬語 kết hợp giữa 謙譲語 "お待たせする" và 丁重語 "おります". Tương tự như vậy, các 敬語 kết hợp giữa 謙譲語 "お〈Ｖます形〉する" và 丁重語 "〈Ｖて形〉おります" sẽ được thể hiện là "謙譲語＋丁重語" trong sách này.

● 尊敬語・謙譲語

「お召し上がりいただけます」は、尊敬語「召し上がる」と謙譲語「お〜いただく」を合わせた敬語です。このように、尊敬語と謙譲語を合わせた敬語を、本書では「尊敬語・謙譲語」と表します。

お召し上がりいただけます is a combination of 尊敬語 "召し上がる" and 謙譲語 "お〜いただく." In this way, the combination of 尊敬語 and 謙譲語 is referred to as "尊敬語・謙譲語" in this book.

「お召し上がりいただけます」是尊敬語「召し上がる」和謙譲語「お〜いただく」组合而成的敬语。像这样，尊敬語和謙譲語组合而成的敬语在本书中称为「尊敬語・謙譲語」。

"お召し上がりいただけます" là 敬語 kết hợp giữa 尊敬語 "召し上がる" và 謙譲語 "お〜いただく". Tương tự như vậy, các 敬語 kết hợp giữa 尊敬語 và 謙譲語 sẽ được thể hiện là "尊敬語・謙譲語" trong sách này.

■ 敬語以外の丁寧な言葉　Polite words and expressions other than 敬語
敬語以外的礼貌用语和表达
Những từ ngữ và mẫu diễn đạt lịch sự khác ngoài 敬語

敬語ではありませんが、敬語と一緒に使う丁寧な言葉があります（下線部が丁寧な言葉）。

There are also some other polite words and expressions which are not actually 敬語, but which are used together with 敬語 (the underlined portion of the expression represents polite words and expressions).

有一些虽然不是敬語，却与敬語一起使用的礼貌用语（下划线部分为礼貌用语和表达）。

Có những từ ngữ lịch sự dù không phải 敬語 nhưng được dùng kèm với 敬語 (phần gạch dưới là những từ ngữ và mẫu diễn đạt lịch sự).

例　そこにあります。　　　　　→　そちらにございます。

　　すぐに、行きます。　　　　→　ただいま、まいります。

　　この時間は対応できません。　→　この時間は対応できかねます。

　　これでどうですか。　　　　　→　こちらでいかがですか。

■ あいさつ　Greetings　寒暄、问候　Chào hỏi

「どうぞ、ごゆっくり。」　Please relax and take your time.　请慢用。　Xin cứ thong thả.

レストランなどで店員が客に対して言うあいさつのひとつです。

This is one of the greetings used by staff members to customers in restaurants and the like.

这是在餐厅等，店员对客人打招呼时的用语之一。

Là một trong những lời chào hỏi của nhân viên với khách ở nhà hàng v.v.

「ありがとうございます。」

「ありがとうございます」は0形です。「ありがとう」は親しい人や自分より若い人によく使います。

ありがとうございます is a "Level zero form" in this book. ありがとう is often used to speak to people who are close to the speaker or who are younger than the speaker.

「ありがとうございます」是0形。「ありがとう」经常用于亲近的人和比自己年轻的人。

"ありがとうございます" là thể 0. "ありがとう" thường được dùng với người thân thiết hoặc người trẻ hơn mình.

「どうぞ、お大事に。」　Get well soon.　请多保重。　Xin hãy bảo trọng.

病気の人や具合の悪い人に対して使います。

This expression is used when speaking to people who are ill or feeling unwell.

用于问候患病或身体不舒服的人。

Dùng với người đang bị bệnh hoặc không được khỏe.

2. 話し手が伝えたいこと（意図）を理解しよう

Understanding what the speaker wants to convey（意図 (intentions)）
理解说话人想要传达的内容（意図（意图））
Hiểu điều người nói muốn truyền đạt（意図 (ý định)）

　店で買い物をしたり、電車に乗ったり、図書館などを利用したり、病院に行ったりするとき、私たちは「客」や「利用者」「患者」として、「店員」「駅員」「図書館などの施設の人」「病院の人」たちと話をします。（この本では「客」「利用者」「患者」などを 利用者 、「店員」「駅員」などを スタッフ と呼びます。）

　まず、スタッフ が伝えたいこと、つまり スタッフ の伝えたい 意図 にはどのような種類があるか、どのような 意図 があるときにどのような表現を使っているかを見てみましょう。なお、意図 は敬語が用いられている一文だけで判断するのではなく、使われている文脈を含めて判断する必要があります。つまり、形は「質問」でも、意図 は「申し出」であるというような場合があります。スタッフ が伝えたい 意図 が何であるかがわかると、利用者 は次に何をすればいいのかがわかります。

When we buy things in a store, board a train, use libraries and other facilities or go into hospital, we as "customers," "users" and "patients" need to speak with "staff members at stores and stations," "people at libraries and other facilities" and "hospital staff." (In this book, "customers," "users" and "patients" are all referred to as 利用者 (users), while staff members at stores and stations, etc., are all referred to as スタッフ (staff members)).

First, let us look at the various kinds of 意図 (intentions) that スタッフ has – that is to say, things that the スタッフ wants to convey – and what kinds of expressions are used in what situations to express what kinds of 意図. To decide a person's 意図, we will need to look not only at the particular sentence in which 意図 appears, but at the entire context in which the sentence is used. For example, there are cases in which a sentence takes the form of a "question," yet the 意図 behind it is that of an "offer." Once you have grasped what 意図 the スタッフ wants to convey, you will be able to understand what the 利用者 needs to do next.

在商店里买东西, 乘坐电车, 利用图书馆等以及到医院去时, 我们作为"顾客"、"利用者"、"患者", 和"店员"、"车站工作人员"、"图书馆等设施工作人员"、"医院工作人员"交谈。(本书把"顾客""利用者""患者"等称为 利用者 (利用者), 把"店员""车站工作人员"等称为 スタッフ (工作人员)）。

首先, 让我们来看一下 スタッフ 想传达的事情, 即 スタッフ 想传达的 意図 有哪些种类, 什么样的 意図 时使用什么样的表现。另外, 意図 并不是仅凭使用了敬语的一个句子, 还要根据其前后的文脉来进行判断。也就是说, 即使是"提问"的形式, 有时 意図 也会是"提议"。明白了 スタッフ 想传达的 意図 是什么, 利用者 就明白下一步应该做什么了。

Khi mua sắm ở cửa hàng, đi tàu điện, sử dụng thư viện v.v., đến bệnh viện, với tư cách "khách hàng" hay "người sử dụng", "bệnh nhân", chúng ta sẽ giao tiếp với "nhân viên cửa hàng", "nhân viên nhà ga", "người của các cơ quan như thư viện v.v.", "người của bệnh viện". (Sách này gọi chung "khách hàng", "người sử dụng", "bệnh nhân v.v." là 利用者 (người sử dụng), và gọi "nhân viên cửa hàng", "nhân viên nhà ga" v.v. là スタッフ (nhân viên).)

Trước tiên, hãy xem thử điều mà スタッフ muốn truyền đạt, hay nói cách khác là 意図 mà スタッフ muốn truyền đạt có những loại nào, và các mẫu diễn đạt tương ứng với từng loại

（意図）đó. Bên cạnh đó, cần nhận định（意図）trên cơ sở xem xét văn cảnh được sử dụng chứ không phải chỉ phán đoán dựa trên câu nói có chứa 敬語. Nói cách khác, có trường hợp dù hình thức câu là "hỏi" nhưng（意図）lại là "đề nghị". Hiểu được（意図）mà（スタッフ）muốn truyền đạt thì（利用者）sẽ biết được mình cần làm gì tiếp theo.

（意図）は大きく以下の６つに分けて考えます。

（意図）can be divided, broadly, into six types as follows.
（意図）大致可分为以下6类。
（意図）được chia thành 6 loại lớn như sau.

A　お願い　Requests　请求　Thỉnh cầu
B　勧め　Recommendations　劝说、推荐　Đề xuất
C　申し出　Offers　提议　Đề nghị
D　質問／確認　Questions/Confirmations　提问／确认　Hỏi/Xác nhận
E　説明　Explanations　说明　Giải thích
F　あいさつ　Greetings　寒暄、打招呼　Chào hỏi

A〈お願い〉　Requests　请求　Thỉnh cầu

（スタッフ）が（利用者）にしてもらわなければならないこと、あるいはしないでほしいことを伝える表現です。

In these expressions, a（スタッフ）requests a（利用者）to do or not to do something.
这是（スタッフ）传达要求（利用者）必须做的事情或者希望他们不要做的事情的表达。
Đây là mẫu diễn đạt để nói về điều mà（スタッフ）cần（利用者）làm hoặc điều（スタッフ）muốn（利用者）không làm.

例1　客　：すみません、このセーターの大きいサイズはありませんか。
　　　店員：少々お待ちください。今見てまいります。

例2　客　：これを自宅に送ってもらえますか。
　　　店員：はい、それではこちらの用紙にお名前とお電話番号、ご住所をご記入ください／お書きいただけますか／お願いします。

例1は「待っていてください」、例2は「記入してください（書いてください）」の意味です。客（利用者）がしなければならないことを店員（スタッフ）が指示していますので、客（利用者）は「待つ」「記入する（書く）」など言われたとおりの行動をします。「書いてください」「お書きください」より、「お書きいただけますか」のように、「いただく」という敬語を使って相手に質問する言い方にしたり、はっきり言わずに「お願いします」

13

などとする方が丁寧です。

Example 1 means "Please wait"; Example 2 means "please fill this in" (i.e., "please write"). What the customer (利用者) needs to do is indicated by the store staff member (スタッフ), so the customer (利用者) must carry out the actions stated, such as 待つ or 記入する（書く）. It is more polite to phrase a request in the form of a question using いただく, such as お書きいただけますか, or using the expression お願いします without making a direct request, is more polite than using 書いてください or お書きください.

例1是"请稍候"，例2是"请填一下（请写一下）"的意思。由于是店员（スタッフ）向顾客（利用者）指示必须做的事情，所以顾客（利用者）所做的行动是根据指示的"等候""填写（写）"。较之「書いてください」「お書きください」，像「お書きいただけますか」那样，使用「いただく」这样的敬语来询问对方，或使用不明确说出内容的「お願いします」等的用法则更为礼貌。

Câu ở ví dụ 1 có nghĩa là "Hãy đợi", câu ở ví dụ 2 có nghĩa là "Hãy điền vào (Hãy ghi vào)". Vì nhân viên cửa hàng（スタッフ）đang chỉ dẫn điều mà khách （利用者） cần phải làm nên khách （利用者） sẽ thực hiện hành động "đợi", "điền vào (ghi vào)" v.v. theo đúng yêu cầu. Thay vì nói "書いてください", "お書きください", nếu dùng 敬語 "いただく" để chuyển sang dạng câu hỏi dành cho đối phương giống như "お書きいただけますか", hoặc không nói thẳng mà dùng "お願いします" v.v. thì sẽ lịch sự hơn.

例3 （来店した客を店員が席に案内します。）

(A customer entering a restaurant is shown to his/her seat by a staff member. 店员把来店里的顾客带到座位上。　Nhân viên của quán đưa khách đến chỗ ngồi.)

店員：ご案内します。

例4 （カフェなどで、注文した客に店員が番号札を渡しながら言います。）

(A staff member hands an order number card to a customer who has placed an order in a cafe, etc.　在咖啡馆等处，店员一边把号码牌递给已下单的顾客一边说。Tại quán cà phê v.v., nhân viên vừa nói vừa đưa tấm thẻ số cho khách đã đặt món.)

店員：順番が来たら、番号でお呼びします。

「ご案内します」は、「店員（スタッフ）が案内するので、ついてきてください」の意味です。「お呼びします」は、「店員（スタッフ）が呼びますので、呼ばれたら来てください」の意味です。店員（スタッフ）の行動について話し、客（利用者）の行動についてははっきり言っていませんが、客（利用者）に「来てください」と言わないことで丁寧さを表現しています。このような場合、客（利用者）は、自分がしなければいけない行動は何かを考えて行動します。

The expression ご案内します means "I, the store staff member (スタッフ) will show you, so please follow me." The expression お呼びします means "I, the store staff member (スタッフ) will call you, so please come when you are called." The fact that the store staff member (スタッフ) does not actually say 来てください to the customer (利用者)—in other words, does not explicitly state the action to be performed by the customer (利用者)—and instead describes his/her own actions, makes this expression especially polite. In this kind of situation, the customer (利用者) should think about what action he/she needs to perform, and do this.

「ご案内します」的意思是 "店员(スタッフ)带着去座位上，请跟着走"。「お呼びします」的意思是，"店员(スタッフ)会叫号，叫到了的话请过来"。这些表达说的是关于店员(スタッフ)的行动，并没有明确地提及顾客(利用者)的行动，对顾客(利用者)不直接说「来てください」是表示礼貌。在这种情况下，顾客(利用者)自己考虑接下来应该做什么。

"ご案内します" nghĩa là "Nhân viên (スタッフ) sẽ dẫn đường nên hãy đi theo". "お呼びします" nghĩa là "Nhân viên (スタッフ) sẽ gọi nên hãy đến khi được gọi". Các câu trên chỉ nói về hành động của nhân viên (スタッフ) chứ không nói rõ về hành động của khách (利用者) nhưng bằng việc tránh nói "来てください" với khách (利用者) mà thể hiện được tính lịch sự. Trong những trường hợp như vậy, khách (利用者) sẽ suy nghĩ xem hành động mình phải làm là gì rồi thực hiện nó.

例5 （カフェで注文の品ができたときに、店員が客を呼びます。）

(The order placed by a customer in a cafe is ready, so the store staff member calls the customer.　在咖啡馆订购的物品做好时，店员呼叫顾客。　Tại quán cà phê, nhân viên gọi khách khi đã có món khách đặt.)

店員：カフェラテでお待ちのお客様。

店内で、店員(スタッフ)が客(利用者)を呼ぶ表現で、「(カフェラテを注文してお待ちのお客様は)こちらに来てください」という意味です。「カフェラテでお待ち」は「カフェラテを注文して、できるのを待っている」の意味です。「〜のお客様」という表現は、店員(スタッフ)が客(利用者)に行動を指示する表現のひとつです。客(利用者)に呼びかけているだけですが、呼ばれた客(利用者)は注文したものを取りに行ったり、「はい」と言って、呼ばれたのが自分であることを示したりします。「来てください」という直接のお願いの言葉はありませんが、何かをしてくださいという気持ちが隠されています。

The expression with which the store staff member (スタッフ) calls the customer (利用者) in the cafe actually means "Could the customer who ordered the cafe latte and is waiting for it please come here?" カフェラテでお待ち means "(The person who) ordered a cafe latte and is waiting for it." 〜のお客様 is an expression by which the store staff member (スタッフ) instructs the customer (利用者) to perform an action. Here, the customer (利用者) is just being called, and the customer (利用者) who is being called is expected to go and collect the item he/she has ordered, or say はい in response to show he/she is the one who is being called. A direct request phrase such as 来てください is not actually used here, but the idea of asking the customer to do something is nevertheless buried within this expression.

是在店里店员(スタッフ)呼叫顾客(利用者)的用语，所表达的意思是 "(点了拿铁咖啡正在等候的顾客)请到这边来"。「カフェラテでお待ち」的意思是 "点了拿铁咖啡正在等候咖啡做好"。「〜のお客様」是店员(スタッフ)向顾客(利用者)发出行动指示的表现之一。虽然只是向顾客(利用者)呼叫，但被叫到的顾客(利用者)会去拿所点的饮料，或回应「はい」，表示被叫到的是自己。虽然没有「来てください」这种直接请求的表达，但却暗含有请对方采取某种行动的心情。

Đây là câu nhân viên (スタッフ) gọi khách (利用者) trong quán, có nghĩa là "(Xin mời vị khách đã đặt cà phê latte và đang đợi) hãy đến đây". "カフェラテでお待ち" nghĩa là "đã đặt cà phê latte và đang đợi làm". Mẫu diễn đạt " 〜のお客様 " là một trong những mẫu diễn đạt để nhân viên (スタッフ) chỉ dẫn hành động cho khách (利用者). Tuy chỉ là câu gọi khách (利用者) nhưng người khách (利用者) được gọi sẽ đến nhận món mình đặt, hoặc trả lời "はい" để cho biết rằng người được gọi là mình. Tuy không có lời thỉnh cầu trực tiếp "来てください" nhưng trong câu đó đã ẩn chứa yêu cầu hãy làm điều gì đó.

例6 （電話で店の予約をした客に対して、店員が言います。）

(A store staff member speaks to a customer who has made a reservation with the store by telephone. 店员对电话预约的顾客说。 Nhân viên nói với khách đặt bàn ở quán qua điện thoại.)

店員：急なキャンセルはご遠慮いただくようお願いいたします。

例7 （駅のアナウンス A station announcement 车站的广播 Thông báo ở nhà ga）

駅員：ホームの端はお歩きにならないようお願いします。

「ご遠慮いただくようお願いします／〜ないようお願いいたします」は「しないでください」の意味で、禁止を表します。「遠慮する」は「（私は）しません」の意味ですから、「遠慮してください」は「（あなたは）しないでください」の意味になります。「お歩きにならないようお願いします」も同じように「（安全のために）歩かないでください」の意味で、禁止を表します。この場合、「〜ようお願いいたします」を使って、とても丁寧な依頼の形で伝えています。乗客（利用者）はその行動をしてはいけません。乗客（利用者）は歩かないようにします。相手に「しないこと」をお願いするときは、より丁寧な表現が使われます。

The expressions ご遠慮いただくようお願いします／〜ないようお願いいたします mean "do not do this," and are stating prohibitions. The expression 遠慮する means "[I] refrain from doing this," so 遠慮してください has the meaning of "[You] must refrain from doing this." Likewise, the expression お歩きにならないようお願いします means "[for safety reasons] do not walk there," and is also a prohibition. In this case, the use of 〜ようお願いいたします allows this prohibition to be expressed in an extremely polite form. The passenger (利用者) therefore must refrain from performing this action. He/she (利用者) must not walk in the place indicated. Especially polite phrases tend to be used when the speaker is requesting the other person to "not do" something.

「ご遠慮いただくようお願いします／〜ないようお願いいたします」，是"请不要这样做"的意思，表示禁止。「遠慮する」是「（我）不做」的意思，所以「遠慮してください」是表示"请（你）别这样做"的意思。同样，「お歩きにならないようお願いします」也是"（为了安全）请不要走"的意思，表示禁止。在这种场合，使用「〜ようお願いいたします」，以非常有礼貌的请求形式来进行告知。乘客（利用者）不能采取这个行动。让乘客（利用者）不要走。请求对方"不要做"时，使用最为礼貌的表达。

"ご遠慮いただくようお願いします／〜ないようお願いいたします" có nghĩa là "xin đừng làm", thể hiện ý cấm đoán. "遠慮する" nghĩa là "(Tôi) không làm" nên "遠慮してください" nghĩa là "Xin (bạn) đừng làm". Tương tự, "お歩きにならないようお願いします" nghĩa là "(Để an toàn) xin đừng đi", thể hiện ý cấm đoán. Trong trường hợp này, người nói dùng "〜ようお願いいたします" để truyền đạt bằng hình thức yêu cầu vô cùng lịch sự. Hành khách (利用者) không được làm hành động đó. Hành khách (利用者) sẽ tránh đi lại. Khi thỉnh cầu

対方"đừng làm" thì mẫu diễn đạt lịch sự sẽ được sử dụng.

B〈勧め〉　Recommendations　劝说、推荐　Đề xuất

スタッフ が 利用者 に対して、何かをしてはどうですか、と勧めたり、提案したりする表現です。

Expressions meaning "How about..." and the like are used by スタッフ to recommend or propose things to 利用者 .

スタッフ 向 利用者 推荐，或提议做某事时的表现。

Đây là mẫu diễn đạt để スタッフ đề xuất, giới thiệu làm điều gì đó với 利用者 .

例8　（ファストフード店でハンバーガーを注文した客に対して店員が言います。）

(A staff member is speaking to a customer who has ordered a hamburger in a fast food restaurant.　在快餐店，店员对已订了汉堡包的顾客说。　Tại quán thức ăn nhanh, nhân viên nói với khách đã đặt hamburger.)

店員：ご一緒にポテトはいかがですか。

「ポテトはいりませんか」という意味です。自分に対して何かを勧められた場合は、「いいですね」や「そうですね」と関心を示したり、「結構です」や「いいです」のように買う意思がないことを伝えたりします。

This actually means "Do you want to add French fries?" Upon receiving such a recommendation, the customer should indicate his/her interest in purchasing by using expressions such as いいですね or そうですね, or indicate that he/she does not wish to purchase by using expressions such as 結構です or いいです.

意思是 "要不要薯条？"。当向自己推荐什么东西时，可以用「いいですね」或「そうですね」来表示感兴趣，也可以用「結構です」或「いいです」来表示没有想买的意愿。

Câu này có nghĩa là "Có cần khoai tây không ạ?". Trong trường hợp mình được đề xuất thứ gì đó thì người nói sẽ bày tỏ ý quan tâm bằng câu "いいですね" hay "そうですね", hoặc truyền đạt rằng mình không có ý định mua nó bằng câu "結構です" hay "いいです".

例9　（惣菜店で店員が客に言います。）

(A store staff member at a delicatessen is speaking to a customer.　在副食品商店店员对顾客说。　Tại cửa hàng bán thức ăn nấu sẵn, nhân viên nói với khách.)

店員：この時期はこちらのサラダをお勧めしています。

「（店では）このサラダを勧めています」という意味です。その勧めを受け入れる場合は、「お願いします」のように答えます。特に関心がない場合は、うなずくなど、理解したことを示せばいいです。

This means that "[this store] recommends this salad." To accept such a recommendation, the customer should respond using a phrase such as お願いします. If the customer is not interested, he/she can simply indicate that he/she has understood the recommendation by nodding, etc.

意思是 "（在店里）推荐这个色拉"。要是听从推荐就回应说「お願いします」。要是不太感兴趣，可以点点头等表示明白了。

Câu đó nghĩa là "(Tại cửa hàng) chúng tôi để xuất món rau trộn này". Trường hợp đồng ý với để xuất đó thì khách sẽ trả lời là "お願いします". Trường hợp không hứng thú cho lắm thì khách chỉ cần thể hiện rằng mình đã hiểu bằng cách gật đầu v.v.

c〈申し出〉　Offers　提议　Để nghị

（スタッフ）が（利用者）のために何かをしてあげましょうか、と申し出るものです。

This describes a situation in which a staff member makes an offer to do something for the user.

（スタッフ）提出要为（利用者）做些什么的表达。

Là lời （スタッフ）để nghị để mình làm điều gì đó cho （利用者）.

例10　（洋品店で、商品を体にあてて見ている客がいます。手にかけているコートが邪魔になっているようなので、店員が客に声をかけます。）

(A customer in a clothing store is holding a garment up against himself/herself to see what it looks like. The coat he/she is carrying is getting in the way, so the store staff member speaks to him/her.

在服饰店里，有顾客把商品放在身上试。搭在手上的大衣很碍事，于是店员向顾客打招呼说。

Tại cửa hàng quần áo và phụ kiện, có một vị khách đang ướm thử món hàng lên người và ngắm nghía. Vì thấy cái áo khoác khách đang cầm trên tay có vẻ gây vướng víu nên nhân viên cửa hàng nói với khách.)

店員：よろしかったら、そのコート、お預かりいたしましょうか。

「（手にかけている）コートを（店員（スタッフ）が）預かってもいいですよ」または「（店員（スタッフ）が）預かりますよ」の意味で、店員（スタッフ）は客（利用者）に申し出ています。客（利用者）は店員（スタッフ）の申し出たことを受け入れて、お願いしたい場合は「じゃあ、お願いします」などと答えます。もしその必要がない場合は、「いえ、大丈夫です」などと答えます。

This means "It is fine for me, (the store staff member （スタッフ）) to take care of the coat (you are carrying)" or "I, the store staff member （スタッフ）, will take care of your coat," so the store staff member （スタッフ） is making an offer to the customer （利用者）. If the customer （利用者） wants to accept the offer made by the store staff member （スタッフ） and ask him/her to take the coat, he/she should answer with a phrase such as じゃあ、お願いします. If the customer does not need the offer, he/she should answer with a phrase such as いえ、大丈夫です.

意思是店员（スタッフ）向顾客（利用者）提议："（搭在手上的）大衣，（店员（スタッフ））可以代为保管"，或者"（店员（スタッフ））为你保管吧"。要是顾客（利用者）接受店员（スタッフ）的提议想委托代为保管的场合，则用「じゃあ、お願いします」等回应。要是觉得没有必要，就用「いえ、大丈夫です」等回应。

Câu đó nghĩa là "(Nhân viên (スタッフ)) sẵn lòng giữ giúp (cái áo khoác đang ở trên tay)", hoặc "(Nhân viên (スタッフ)) sẽ giữ giúp", là đề nghị của nhân viên (スタッフ) dành cho khách (利用者). Trường hợp khách (利用者) đồng ý với đề nghị của nhân viên (スタッフ) và muốn nhờ giúp thì sẽ trả lời rằng "じゃあ、お願いします" v.v. Trường hợp không cần thiết thì sẽ trả lời rằng "いえ、大丈夫です" v.v.

例11 （商品を見ている客が考えている様子を見て、店員が話しかけます。）

(A store staff member speaks to a customer who is looking at a product and appears to be thinking.

看到顾客正 在看着商品考虑的样子，店员上前主动搭话。

Thấy khách xem hàng đang suy nghĩ, nhân viên cửa hàng bắt chuyện.)

店員：何かお困りですか。

この場合、「相談したいことがあったら聞いてください」という意味なので、困っている場合には、「はい」だけではなく、「○○を探しているんですが」のように相談したいことを言います。特に必要がなければ、「いえ、大丈夫です」などと答えます。

In this situation, the actual meaning of this phrase is "If there is anything you would like to ask advice about, please ask"; so if the customer does indeed need advice, he/she should answer not just with はい, but also with an expression indicating that he/she wants advice, such as ○○を探しているんですが. If the customer does not need such help, he/she should answer with an expression such as いえ、大丈夫です.

在这一场合，这句话意思是"有什么想商量的话，问我吧"，因此要是正在为难，那就不只要答「はい」，还要说出想与之商量的事情，比如，「○○を探しているんですが」。要是没有特别需要，就用「いえ、大丈夫です」等回应。

Trong trường hợp này, câu đó nghĩa là "Nếu có gì cần tư vấn thì xin mời hỏi" nên nếu khách đang bối rối thì sẽ trả lời "はい" và nói ra điều mình cần tư vấn theo dạng "○○を探しているんですが". Còn nếu không cần thiết thì sẽ trả lời "いえ、大丈夫です" v.v.

D 〈質問〉〈確認〉　Questions/Confirmations　询问、确认　Hỏi/Xác nhận

〈質問〉は、(スタッフ)が(利用者)の情報を知るために質問する表現です。また、〈確認〉は、(スタッフ)が(利用者)に情報を確認するもので、(スタッフ)が理解したことなどが間違っていないか、再度聞きます。

〈質問〉 refers to expressions in which a (スタッフ) asks a (利用者) something in order to learn information. 〈確認〉 refers to expressions in which a (スタッフ) asks questions to a (利用者) to confirm information once again, to make sure there are no errors.

〈質問〉是(スタッフ)为了得知(利用者)的信息而进行询问的表达。另外，〈確認〉是(スタッフ)向(利用者)确认信息，因此为了确认(スタッフ)的理解是否准确，会再次进行询问。

〈質問〉 là những mẫu diễn đạt để (スタッフ) hỏi, nhằm biết thông tin của(利用者). Còn 〈確認〉 là để (スタッフ) xác nhận thông tin với (利用者), (スタッフ) hỏi lại thêm lần nữa xem mình đã hiểu đúng chưa v.v.

19

例12 （レストランに来店した客に店員が聞きます。）

(A staff member asks a question to a customer who has entered a restaurant.
店员询问来餐厅的顾客。 Nhân viên hỏi khi khách vào nhà hàng.)

店員：<u>何名様ですか</u>。〈質問〉

「何人ですか」の意味です。「4人（4名）です」のように質問に具体的に答えます。

This question means "How many people?" It should be answered with a specific reply, such as 4人（4名）です.

是 "几位？" 的意思。像「4人（4名）です」这样，具体地回答询问。

Câu này nghĩa là "Có mấy người ạ?". Khách sẽ trả lời câu hỏi một cách cụ thể như "4人（4名）です".

例13 （カフェに来店した客に、持ち帰りか店内で飲食するかを店員が聞きます。）

(A staff member asks a customer who has entered a cafe if he/she wants to order takeout or eat in.
店员询问来咖啡馆的顾客，是带回去还是在店内饮用。
Nhân viên hỏi khi khách vào quán cà phê xem mua mang đi hay dùng tại quán.)

店員：<u>店内（を）ご利用でしょうか</u>。〈質問〉

「店内を利用しますか」の意味で、客（利用者）の行動について質問しています。この場合、店内を利用するなら「はい」と答え、そうでなければ「いいえ、テイクアウトで」などと答えます。このように、〈質問〉には、具体的に答えるものと「はい」か「いいえ」を選択して答えるものがあります。

This question means "Will you eat in the cafe?" and is asking about the actions of the customer （利用者）. In this situation, if the customer wants to eat in, he/she should answer はい; otherwise, he/she should answer with a phrase such as いいえ、テイクアウトで. As this shows, some 〈質問〉 may be answered by giving a specific response, others by selecting はい or いいえ.

意思是 "在店内饮用吗？"，对顾客（利用者）的行动进行询问。在这种场合，要是在店内饮用的话就回答「はい」，如果不是就用「いいえ、テイクアウトで」等回应。像这样，〈質問〉有需要具体回答和选择「はい」或者「いいえ」回答的两种。

Câu này nghĩa là "Có dùng tại quán không ạ?", là câu hỏi về hành động của khách （利用者）. Trong trường hợp này, nếu khách dùng tại quán thì trả lời "はい", nếu không thì trả lời "いいえ、テイクアウトで" v.v. Như vậy, 〈質問〉 có dạng cần trả lời cụ thể và dạng chỉ cần chọn "はい" hoặc "いいえ" để trả lời.

例14 （レストランで、店員が客に対して、すべて注文したか聞きます。）

(In a restaurant, a staff member asks a customer if he/she has ordered everything.
在餐厅，店员问顾客，菜是否全点齐了。 Tại nhà hàng, nhân viên hỏi khách xem đã gọi món xong hết chưa.)

店員：ご注文は以上で<u>よろしいですか</u>。〈確認〉

「いいですか」の意味です。〈確認〉は、サービスや客（利用者）の選んだものに対する店員（スタッフ）の理解が間違っていないか、再度聞きます。よければ「はい」と言いますが、間違っていたり、注文を変えたりしたいときには「待ってください」「いえ、違います」などとはっきり言います。

This phrase means "Is this OK?" A〈確認〉is an expression used when a staff member （スタッフ）asks once again about a service or item that a customer （利用者）has select-ed, to ensure that his/her understanding is correct. If the understanding is correct, the customer should answer with はい; if it is not correct or if the customer wants to change the order, the customer should state explicitly 待ってください or いえ、違います.

意思是 "好了吧？"。〈確認〉就是再次就服务内容以及顾客（利用者）所选择的内容，确认店员（スタッフ）的理解是否有误。要是没问题的话就回答「はい」，要是有错或者有想变更的内容时，则要用「待ってください」「いえ、違います」等予以明确表示。

Câu này nghĩa là "Đúng không ạ?".〈確認〉là hỏi lại lần nữa để xem dịch vụ có đúng với hoặc nhân viên （スタッフ）đã hiểu đúng về thứ mà khách （利用者）chọn hay không. Nếu đúng thì trả lời "はい", nếu sai hoặc muốn thay đổi thứ mình đã đặt thì sẽ nói rõ ràng là "待ってください", "いえ、違います" v.v.

例15　（客の希望で、買った商品は配送することにしたことを店員が確認します。）

(A store staff member confirms with a customer that he/she wishes the item he/she has purchased to be delivered to his/her home.
店员就购买的商品按顾客要求办理发送加以确认。
Nhân viên xác nhận lại rằng theo ý muốn của khách, món hàng vừa mua sẽ được giao hàng.)

店員：ご配送ということで 承りました。〈確認〉

「配送するということで受け付けました」という意味です。店員（スタッフ）が客（利用者）と会話をして、店員（スタッフ）が理解したことを伝えます。この例では、客（利用者）が購入した物を持ち帰るのではなく、自宅への配送を希望していることと、店員（スタッフ）が理解したことを伝えています。客（利用者）は、うなずくなど、理解したことを表せばいいです。

This means "The delivery of this item has been accepted." The store staff member （スタッフ）, talking to the customer （利用者）, is conveying his/her (that is, that of the staff member （スタッフ）) understanding. In this example, the staff member （スタッフ）has conveyed his/her understanding that the customer （利用者）will not carry his/her purchase home, but wants it delivered to his/her home. The customer （利用者）should indicate his/her understanding by nodding, etc.

意思是 "我（店员）受理了你的（商品）发送手续"。店员（スタッフ）在与顾客（利用者）交谈，店员（スタッフ）告诉说自己已理解了的事情。在这个事例中，店员（スタッフ）告诉说已经理解了顾客（利用者）不是把购买的东西带回去，而是希望发送到自己的家里。顾客（利用者）只要以点头等来表示知道了就可以了。

Câu này nghĩa là "Chúng tôi tiếp nhận rằng sẽ giao hàng". Nhân viên (スタッフ) nói chuyện với khách (利用者) để truyền đạt điều nhân viên (スタッフ) hiểu. Trong ví dụ này, nhân viên (スタッフ) đang truyền đạt là mình hiểu rằng khách (利用者) sẽ không tự mang món đồ vừa mua về mà muốn được giao tận nhà. Khách (利用者) chỉ cần thể hiện rằng mình đã hiểu bằng cách gật đầu v.v.

E〈説明〉 Explanations 说明 Giải thích

(スタッフ)が店などのサービスや商品について説明します。(利用者)は聞いて理解すればいいです。うなずいたり、「はい」と言ったりしますが、特に答える必要がないときも多いです。それを聞いて質問があるときには、(利用者)から質問します。(スタッフ)は店の設備や品物についてくわしく説明（情報提供）したり、サービスを案内したり、(スタッフ)の行動について説明したりする場合もあります。説明した後に、〈質問〉や〈お願い〉が続く場合もあります。

This kind of expression is used by (スタッフ) to explain a product or service of the store. The (利用者) should listen and try to understand. He/she may nod or say things such as はい, but in many cases there is no need to give any particular reply. If the (利用者) has any questions after listening, he/she may ask them. The (スタッフ) may explain the store's facilities or items in detail (provision of information), introduce the user to services or explain the actions of the (スタッフ). After the explanation, he/she may go on to express a 〈質問〉 or 〈お願い〉.

(スタッフ)就商店等的服务和商品进行说明。(利用者)听懂了就可以了。有时会点点头，或说声「はい」什么的。大多数情况下不需要特意回答，听了之后有问题时，由利用者来提问。(スタッフ)有时会就店内的设备和物品情况详细加以说明（提供信息），或介绍提供的服务，还会就(スタッフ)的行动进行说明。说明结束后，有时接着还有〈質問〉和〈お願い〉的环节。

(スタッフ) giải thích về dịch vụ hay sản phẩm của cửa hàng v.v. (利用者) chỉ cần nghe và hiểu. Khách gật đầu hoặc nói "はい" nhưng thường không cần trả lời. Nếu có câu hỏi sau khi nghe xong thì (利用者) sẽ hỏi. Cũng có trường hợp (スタッフ) giải thích (cung cấp thông tin) chi tiết về trang thiết bị hay hàng hóa của cửa hàng, hướng dẫn về dịch vụ, giải thích về hành động của (スタッフ). Có khi giải thích xong thì sẽ tiếp nối bằng 〈質問〉 hoặc 〈お願い〉.

例16 （レストランで、店員が客に説明しています。）

(A staff member gives an explanation to a customer in a restaurant.
在餐厅，店员向顾客进行说明。　Tại nhà hàng, nhân viên giải thích cho khách.)

店員：お冷やとおしぼりはこちらにございます。

「ここにあります」の意味です。店の設備や利用できるものなどについて説明しています。

This means "These things are here." The staff member is explaining the facilities of the store and what may be used there.
意思是 "这里有"。(店员)正在对店内的设备和可以利用的东西等进行说明。
Câu đó nghĩa là "ở đây", để giải thích về trang thiết bị hay đồ vật có thể sử dụng trong nhà hàng.

例17　（レストランで、店員が、おしぼり、紙ナプキン、砂糖、ミルクなどのある場所を指して説明しています。）

(A staff member in a restaurant is explaining where the hand towels, paper napkins, sugar and milk, etc., are located, while pointing.
在餐厅，店员正指着放有湿毛巾、餐巾纸、砂糖、牛奶等的地方进行说明。
Tại nhà hàng, nhân viên vừa chỉ nơi để khăn ướt, giấy ăn, đường, sữa v.v. vừa giải thích.)

店員：こちらにございますので、<u>ご自由にお使いください</u>。

「客（利用者）は自由に使うことができます」という意味です。サービスについて説明しています。「使ってください」とお願いしているわけではなく、使ってもいいことを知らせています。

This means that "the customer （利用者） can use these things as desired." It is an explanation of the service. The expression 使ってください is not actually a request, but is informing the customer that he/she may use the things in question.

意思是 "顾客（利用者）可以随便使用"。这是就服务内容在进行说明。并不是请求使用，而是告诉可以使用。

Câu đó nghĩa là "Khách （利用者） được tự do sử dụng". Nhân viên đang giải thích về dịch vụ. Không phải thỉnh cầu rằng "Xin hãy sử dụng" mà chỉ đang cho biết rằng được phép sử dụng.

例18　（洋品店で、店員が客に求められた商品を渡すときに言います。）

(A store staff member in a clothing store speaks to a customer when handing him/her a product that he/she asked for.
在服饰店，店员把顾客在找的商品递过去时说。
Tại cửa hàng quần áo, nhân viên nói khi đưa cho khách món hàng được yêu cầu.)

店員：<u>こちら、Lサイズになります</u>。

「これはLサイズのものです」の意味ですが、はっきり言わないで、後ろに「〜になる」を入れることで丁寧さを出しています。

This expression means "This is a large size"; however, rather than saying this directly, the staff member makes the expression more polite by adding the 〜になる form at the end.

意思是 "这是L号的"，却不明确说出来，在后边加上「〜になる」，以此表示礼貌。

Câu đó nghĩa là "Cái này là size L" nhưng không nói thẳng ra mà thêm " 〜になる" ở phía sau để thể hiện ý lịch sự.

例19　（美容院などで客の座っている椅子の背を倒す場面で、美容師が客の椅子を倒す前に言います。）

(In a situation such as a hair salon, the hairdresser speaks to the customer before reclining the back of his/her chair.

在美发厅等，顾客座椅的靠背需要放倒时，美发师在放倒之前说。

Tại tiệm làm đẹp, trong tình huống cần ngả lưng ghế khách đang ngồi ra sau, nhân viên của tiệm nói trước khi làm điều đó.)

美容師：<u>お倒ししします。</u>

「お倒ししします」は「これからあなたの座っている椅子を倒しますよ」という意味です。客（利用者）に関係がある美容師（スタッフ）の行動を説明しています。このように、（スタッフ）が何か（利用者）に関係する行動をするとき、自分のすることを言葉で説明することがあります。

The expression お倒ししします in this context means "From now, I am going to recline the chair where you are sitting." The hairdresser （スタッフ） explains his/her actions that are connected with the customer （利用者）. By doing this, there are cases where the （スタッフ） is explaining what they are going to do when taking an action connected with the （利用者）.

「お倒ししします」的意思是"现在我要把你的座椅靠背放倒"。把与顾客（利用者）相关的美发师（スタッフ）的行动进行说明。也就是说，像这样，（スタッフ）在做与（利用者）相关的行动时，有时会用语言来说明自己要做的事情。

"お倒ししします" nghĩa là "Bây giờ tôi sẽ ngả ghế bạn đang ngồi ra sau". Nhân viên của tiệm （スタッフ） đang giải thích về hành động có liên quan đến khách （利用者） của mình. Có trường hợp trước khi （スタッフ） làm hành động nào đó có liên quan đến （利用者） thì sẽ dùng lời nói để giải thích về điều mình sẽ làm giống như trong ví dụ.

例20　（美容院で髪を切った客に対して美容師が言います。／商品を試着した客に店員が言います。）

(A hairdresser speaks to a customer after cutting his/her hair. /A store staff member speaks to a customer who has tried on clothing.

美发师对在美发厅剪发的顾客说。／店员对试穿商品的顾客说。

Tại tiệm làm đẹp, nhân viên nói với khách vừa được cắt tóc xong. / Nhân viên cửa hàng nói với khách đang mặc thử sản phẩm.)

美容師／店員：<u>よくお似合いになりますよ。</u>

店のサービスなどについての説明ではありませんが、店員（スタッフ）が商品などについての感想、意見を述べることがあります。サービスや商品を勧めているとも言えますが、専門家としての意見を述べているとも考えられます。

The store staff member （スタッフ） is not explaining the services, etc., of the store, but rather is expressing his/her impression or opinion of the product, etc. It could be considered a recommendation of a service or product, but should basically be thought of as an expression of the opinion of this person as a specialist.

虽然不是在介绍店里的服务等，但有时工作人员（スタッフ）会就商品等说些感想、意见。也可以说

是在推荐服务和商品，还可以认为是在陈述作为专家的意见。

Có khi nhân viên （スタッフ） không giải thích về dịch vụ của cửa hàng mà nói lên cảm tưởng, ý kiến của mình về món hàng v.v. Đây có thể được xem là để xuất về dịch vụ hay món hàng nhưng cũng được xem là nêu ý kiến với tư cách chuyên gia.

F〈あいさつ〉　Greetings　寒暄、打招呼　Chào hỏi

店や施設などでは、（スタッフ）は（利用者）に対してあいさつをたくさんしています。（スタッフ）が何か行動するとき、自分の行動について説明したり、あいさつの言葉を言ったりするときもあります。特に返事をする必要はありません。少し頭を下げる（「会釈」と言います）こともあります。

In stores and facilities, （スタッフ） greets （利用者） in many different ways. When （スタッフ） performs various actions, they also explain their actions and use greeting expressions. There is no particular need to reply. Some customers incline their heads slightly (in a gesture known as *eshaku*) in response.

在商店和设施等，（スタッフ）对（利用者）会用很多寒暄和打招呼的话。在要做什么的时候，（スタッフ）会就自己的有关行动进行说明，也有时会说些寒暄话。不必加以特别回应。有时也会「会釈」一下，点点头示意。

Tại các cửa hàng hay cơ quan v.v., （スタッフ）thường chào hỏi （利用者） rất nhiều. Khi （スタッフ） thực hiện hành động nào đó thì cũng có lúc giải thích về hành động của mình hoặc nói lời chào hỏi. Không nhất thiết phải đáp lại những lời này. Có khi làm động tác hơi cúi đầu chào gọi là "会釈".

例21　（客が店に入ったとき）

(When a customer enters a store　顾客进店时　khi khách vào cửa hàng)

店員：いらっしゃいませ。（歓迎　Expression of welcome　欢迎　tiếp đón）

例22　（注文した食べ物、飲み物を持ってきて、戻るとき）

(When a staff brings the ordered food/drink to a customer and is moving on 把点的料理、饮料端上来后，离开时　khi mang đồ ăn thức uống khách đặt đến)

店員：ごゆっくりどうぞ。（歓迎　Expression of welcome　欢迎　tiếp đón）

例23　（客の要望に応えられなかったとき）

(When it was not possible to fulfill a customer's request 不能满足顾客愿望时　khi không thể đáp ứng yêu cầu của khách)

店員：申し訳ありません。（お詫び　Expression of apology　道歉　tạ lỗi）

例24　（客を待たせて戻ってきたとき）

(When turning back to a customer after keeping him/her waiting
让客人久等返回来时　khi quay lại sau khi đã để khách đợi）

店員：お待たせしました／お待たせしております。

（お詫び　Expression of apology　道歉　tạ lỗi）

例25　（客が帰るとき　When a customer leaves　客人回去时　khi khách ra về）

店員：ありがとうございます。またのご来店をお待ちしております。

（感謝　Expression of gratitude　感谢　cảm ơn）

例26　（結婚式、卒業式などでお祝いしたいとき）

(When celebrating a wedding, graduation ceremony or the like
祝贺结婚仪式、毕业典礼等时　khi muốn chúc mừng trong lễ kết hôn, lễ tốt nghiệp v.v.）

招待客：お祝い申し上げます。

（お祝い　Expression of celebration　祝贺　chúc mừng）

例27　（商品などを出すとき／店員が客のところに来たとき）

(When bringing out a product/when a staff member approaches a customer
拿出商品等时／店员来到顾客面前时　khi đưa món hàng v.v. ra, khi nhân viên đến chỗ
của khách）

店員：お待たせしました。

（お詫び／「来ましたよ」という行動の合図）

(Expression of apology, or a way of saying "I am here"
道歉／"来了"的行动信号　tạ lỗi / báo hiệu cho hành động "đã đến rồi đây"）

3. 配慮を表す方法

Ways to express consideration　表示关切的方法　Phương pháp thể hiện sự suy xét

　コミュニケーションの際、配慮を表す方法はいろいろあります。例を見てください。〈　　〉は０形を使った言い方です。敬語を使う方法と、伝え方を工夫する方法があります。

There are various ways to express consideration when communicating with someone. Look at the following examples. The section between brackets 〈　〉 shows the Level zero form of the phrase. There are methods of showing consideration by using 敬語 and adopting special ways of conveying information.

交流时，有各种表示关切的方法。请看例句。〈　〉是使用０形的说法。有使用**敬语**和在表达方式上下功夫两种方法。

Có nhiều phương pháp thể hiện sự suy xét khi giao tiếp. Hãy xem các ví dụ.〈　〉là cách nói sử dụng thể 0. Có phương pháp dùng 敬語 và phương pháp tìm tòi cách truyền đạt.

I　敬語を使う方法　Using 敬語　使用敬语的方法　Phương pháp dùng 敬語

1　高くする　Elevating the person you are speaking to/about　提高　Để cao

　配慮したい相手や話に出てくる人を高く表します。高くしたい人の動作、持っているもの、様子などに尊敬語を使って高くしたり（例1）、その相手に関係のある自分の動作やものに謙譲語を使うことで相手を高くしたりします（例2）。今話している相手だけでなく、話に出てくる人も高くすることができます（例3）。

例1　お聞きになりますか。　　　　　〈聞きますか。〉
例2　（あなたを）お呼びします。　　　〈呼びます。〉
例3　山田先生がそうおっしゃいました。　〈山田先生がそう言いました。〉

In this method, you speak in a way which elevates the person you want to express consideration to (the person you are speaking to or someone mentioned in the conversation). You can elevate the person in question by using 尊敬語 to describe his/her actions, possessions or status (Example 1), or elevate him/her by using 謙譲語 to describe your own actions or possessions which have some connection with this person (Example 2). These methods can be used to elevate not only the person you are speaking to at the moment, but also other people mentioned in the conversation (Example 3)

提高想要关切的对方和交谈中出现的人物。对于想要提高的人的动作、携带的物品、情况等使用**尊敬语**来表示（例1），对与对方有关的自己的动作、物品使用**谦让语**来提高对方（例2）。不仅正在交谈的对方，也可以提高交谈中出现的人物（例3）。

Thể hiện sự để cao đối phương hoặc người xuất hiện trong câu chuyện mà mình muốn suy xét đến. Để cao bằng cách dùng 尊敬語 cho hành động, vật sở hữu, trạng thái của người muốn để cao (Ví dụ 1), hoặc để cao đối phương bằng việc dùng 謙譲語 cho hành động hoặc đồ vật của bản thân có liên quan đến đối phương đó (Ví dụ 2). Có thể để cao không những đối phương đang trò chuyện mà còn cả người xuất hiện trong câu chuyện (Ví dụ 3).

2 恩恵を表す（ありがたいという気持ちを表す）

Expressing appreciation (expressing a feeling of gratitude)
表示蒙受恩惠（表示感谢的心情）　Thể hiện ơn huệ (bày tỏ lòng biết ơn)

「くださる」「いただく」などを使って、相手のすることが自分にとってうれしい、ありがたいという気持ちを表すことができます。

You can express a feeling of happiness or gratitude to the other person who did something for you, by using expressions such as くださる and いただく.

使用「くださる」「いただく」等，可以表达自己对对方所做的事情感到高兴和感激的心情。

Có thể bày tỏ niềm vui, lòng biết ơn mà hành động của đối phương mang đến cho mình bằng cách dùng "くださる", "いただく" v.v.

例4　ご記入いただけますか。　〈記入してもらえますか。〉

3 あらたまる　Expressing formality　郑重　Trang trọng hóa

丁重語などのあらたまった表現を使うことで、その場や相手への配慮を表すことができます。

You can use formal expressions such as 丁重語 to show consideration to the place you are in or the person you are speaking to.

通过使用丁重語等郑重的表达，可以表示对那一场合和对方的客气礼貌。

Có thể biểu hiện sự suy xét đến địa điểm hoặc đối phương bằng việc dùng các mẫu diễn đạt trang trọng như 丁重語 v.v.

例5　お願いいたします。　〈お願いします。〉
例6　いかがでしょうか。　〈どうですか。〉

4 きれいに表す　Describing something beautifully　优美地表达　Diễn đạt một cách văn vẻ

美化語や丁寧な言葉を使うことできれいに表すことができます。

You can describe something beautifully by using 美化語 and other polite expressions.

通过使用美化語和礼貌的语言，可以漂亮地进行表达。

Có thể diễn đạt một cách văn vẻ bằng việc dùng 美化語 hoặc những từ ngữ lịch sự.

例7　お手洗いはあちらです。　〈トイレはあそこです。〉

Ⅱ　伝え方を工夫する方法　Adopting special ways of conveying information
在表达方式上下功夫的方法
Phương pháp tìm tòi cách truyền đạt

5　相手の動作を直接的に言わない　Avoiding direct specification of the other person's action　不直接言及对方的动作　Không nói thẳng ra hành động của đối phương

　相手の動作を直接言わないことや、その人が動作をしていることを直接言い表さないことが丁寧になります。動詞の部分を省略したり（例8）、その人の動作を他動詞で言う代わりに自動詞を使って表したりします（例9）。

Avoiding direct specification of the other person's actions and avoiding directly stating that the other person is indeed performing an action makes speech more polite. You can do this by omitting the verb (Example 8), or by using intransitive verbs rather than transitive verbs to denote the person's actions (Example 9).

不直接言及对方的动作，不直接表述其人正在做的动作，是礼貌的表现。例如，省略动词的部分（例8），亦或使用自动词替代他动词来表述其人的动作（例9）。

Không nói thẳng ra hành động của đối phương hoặc không thể hiện thẳng thừng rằng người đó đang thực hiện hành động thì sẽ lịch sự hơn. Cách làm bao gồm lược bỏ phần có chứa động từ (例8) hoặc thể hiện hành động của đối phương bằng cách dùng tự động từ thay cho tha động từ (例9).

例8　（こちらに）どうぞ。

例9　（注文の品が）お決まりになりましたら（お呼びください）……。

6　自分の動作を伝える　Conveying your own actions　传达自己的动作　Truyền đạt về hành động của bản thân

　相手のために自分がする動作について、言葉にして相手に伝えることで丁寧になります。

When denoting your own actions that are carried out for the benefit of the other person, phrasing these words in a particular way to convey consideration to the other person makes your speech more polite.

关于自己为对方所做的动作，用语言传达给对方是礼貌的表达方法。

Thể hiện hành động mình làm cho đối phương ra lời nói và truyền đạt đến đối phương thì sẽ lịch sự hơn.

例10　（Lサイズの服を）お持ちします。

例11　（椅子を）お倒しします。

7 　指示や禁止をしない　Avoiding direct instructions and prohibitions
不要发指示或予以制止　Không chỉ dẫn hoặc cấm đoán

　相手の安全などのために必要なことでも「してください」、「しないでください」と直接指示するのではなく、お願いする表現を使ったり（例12）、そうしてほしいという希望を述べたりする（例13）ことで丁寧になります。相手の動作を禁止したいときにはより丁寧な表現を使います。

Even when instructions or prohibitions are necessary to ensure the other person's safety or the like, it is more polite to avoid direct instructions such as してください and しないでください, and instead use expressions which ask the person to do something (Example 12) or state (Example 13) that you would like the person to do something (Example 13). Even more polite expressions are used when prohibiting someone from performing an action.

即使是为了对方的安全等必要的事情，也不要直接使用「してください」「しないでください」，而使用请求的表达（例12），或者使用希望这样做（例13）等来表述愿望，这样是礼貌的表达方法。想要予以制止对方的动作时，则使用更为礼貌的表达。

Không chỉ dẫn thẳng thừng rằng "Hãy làm" hoặc "Đừng làm" dù là chuyện cần thiết cho sự an toàn của đối phương v.v. mà dùng mẫu diễn đạt nhờ vả (Ví dụ 12) hoặc biểu lộ nguyện vọng muốn người đó làm như vậy (Ví dụ 13) thì sẽ lịch sự hơn. Khi muốn cấm đoán hành động của đối phương thì dùng mẫu diễn đạt lịch sự hơn nữa.

例12　電車から離れてお歩きくださるようお願いします。
例13　ご遠慮いただければと思います。

8 　呼びかける　Speaking out to someone　打招呼　Cất tiếng gọi

　あいさつをしたり、呼びかけたりすることも、相手への配慮を示していて、丁寧になります。

It is polite to greet someone or speak out to someone as it shows you are considering their situation.

寒暄、打招呼都是向对方表示客气、关切，是礼貌的表达方法。

Việc chào hỏi hoặc cất tiếng gọi cũng biểu lộ sự suy xét đến đối phương và mang sắc thái lịch sự.

例14　（レストランで注文の品を出した後に　After serving an ordered item in a restaurant
在餐厅，客人所点的菜端上来之后　Tại nhà hàng, sau khi đã mang món khách gọi ra）

　　　どうぞ、ごゆっくり。

例15　何かお困りですか。

9　一言加える　Adding a softening expression　添上一句　Thêm cụm từ

相手に強く聞こえないように、あるいは気持ちを伝えるために、一言加えたり、やわらかい、クッションになるような表現を使ったりします。

When indicating disagreement or suggesting an amendment to the other person, "softening" expressions are used to ensure this does not sound overly blunt to the other person, or to convey your feelings.

为了不使对方听起来过于生硬，或者为了表达心情，添上一句或使用比较柔和能起到缓冲作用的表达。

Để câu nói nghe không có vẻ nặng nề với đối phương hoặc để truyền đạt tình cảm, có thể thêm cụm từ hoặc dùng mẫu diễn đạt nhẹ nhàng mang tính đệm thêm.

例16　申し訳ありませんが、お願いできますか。

例17　よろしければ、いかがでしょう。

駅・交通機関

駅のホームや電車、バスの中では、敬語を使ったいろいろなアナウンスがあります。例えば、駅の名前や乗り換えなどの情報を伝えるアナウンス、注意を促すアナウンスなどです。敬語を理解しながら、自分が必要な情報を聞き取りましょう。

駅・電車・バスで

学習目標

アナウンスを聞き、
注意しなければならないことを理解する。

聞く前に　駅のホームで聞くアナウンス、電車やバスの中で聞くアナウンスを思い出しましょう。どのようなアナウンスがありますか。どのような敬語が使われているでしょうか。

聞きましょう **1 内容を理解しよう** 🔊01

駅のホームで流れるアナウンスと、電車の中、バスの中で流れるアナウンスです。

■ **次の言葉を確認しましょう。**

～番線	急行	～行き	発車	駆け込み乗車	ＪＲ東日本	つり革
手すり	喫煙	やむを得ず	お子様連れ	走行中	座席	移動

■ **音声を聞いて、全体の内容を理解しましょう。**

① 駅のホームや電車の中で乗客が注意しなければならないことは何ですか。

② バスの中で乗客がするように言われていることは何ですか。

聞きましょう 2 敬語に注意して聞こう 🔊 01

■ 音声を聞いて、①〜⑤の_____に敬語を使った表現を書きましょう。
その後、①〜⑤の 問1 〜 問3 に答えましょう。

問1 _____で使われている敬語の種類をa〜cから選びましょう。

問2 _____の０形を書きましょう。

問3 文全体で伝えたいことは何ですか。a〜cから選びましょう。

〈駅のホームのアナウンス〉

① 駆け込み乗車は危ないですから_____。

問1 a.尊敬語　b.謙譲語　c.丁重語

問2 _____

問3 a.お願い　b.説明　c.あいさつ

〈電車の中のアナウンス〉

② _____、電車から離れてお歩きくださるようお願いします。

問1 a.尊敬語　b.謙譲語　c.美化語

問2 _____

問3 a.お願い　b.説明　c.あいさつ

〈バスの中のアナウンス〉

③ バス停での喫煙は ③-1 _____ よう ③-2 _____。

問1 ③-1　a.尊敬語　b.謙譲語　c.美化語

　　③-2　a.尊敬語　b.謙譲丁重語　c.丁重語

問2 ③-1,③-2 _____

問3 a.お願い　b.説明　c.あいさつ

④ お年寄りやお子様連れの方は_____。

問1 a.尊敬語　b.謙譲語　c.美化語

問2 _____

問3 a.お願い　b.説明　c.あいさつ

⑤ バスが止まってから_____。

問1 a.尊敬語　b.謙譲語　c.美化語

問2 _____

問3 a.お願い　b.説明　c.あいさつ

聞きましょう 3 詳しく理解しよう 🔊 01

■■ スクリプトを見ながら聞いて、場面と敬語を確認しましょう。

〈駅のホームのアナウンス〉
・３番線から急行大沢行きが発車します。①駆け込み乗車は危ないですからおやめください。

〈電車の中のアナウンス〉
・発車します。閉まるドアにご注意ください。
・②お降りになりましたら、電車から離れてお歩きくださるようお願いします。
・お降りの際はどうぞお忘れ物にご注意ください。今日もＪＲ東日本をご利用くださいまして、ありがとうございます。

〈バスの中のアナウンス〉
・発車します。つり革や手すりにおつかまりください。
・次、止まります。バスが止まるまで、そのままでお待ちください。
・お客様にお願いです。③バス停での喫煙はご遠慮くださるようお願いいたします。
・お客様にお願いいたします。運転には十分注意しておりますが、やむを得ず急停車することがありますので、④お年寄りやお子様連れの方はご注意願います。
・お客様にお願いです。走行中、座席の移動は大変危険です。⑤バスが止まってからお立ち願います。

┌─ **聞きましょう 1 内容を理解しよう の答え** ─
│ ①駆け込み乗車をしないこと/閉まるドアに注意すること/降りたら電車から離れて歩くこと/降りるときに忘れ物をしないこと
│ ②つり革や手すりにつかまること/バスが止まるまでそのまま待つこと/やむを得ず急停車することがあるため、お年寄りやお子様連れの人（子供を連れている人）は注意すること/走行中に座席の移動はせず、バスが止まってから立つこと
└─

解説

① 駆け込み乗車は危ないですからおやめください。

【敬語の種類】 尊敬語 お〈Vます形〉ください

【伝えたいこと】〈お願い〉 駆け込み乗車は危ないからやめてください。

「お〈Vます形〉ください」で、何かをするようにお願いしています。ここでは「やめる」ことをお願いしているので、「しないでください」の意味になります。

② お降りになりましたら、電車から離れてお歩きくださるようお願いします。

【敬語の種類】 尊敬語 お〈Vます形〉になる

【伝えたいこと】〈お願い〉 （電車から）降りたら、電車から離れて歩いてください。

乗客の安全のためのお願いで、乗客の行動に尊敬語を使って配慮しています。

③ バス停での喫煙は^{③-1} ご遠慮くださるよう^{③-2} お願いいたします。

【敬語の種類】 ③-1 尊敬語 ご〈VN〉くださる

③-2 謙譲丁重語 お〈Vます形〉いたします

【伝えたいこと】〈お願い〉 バス停での喫煙はしないでください／遠慮してください。

「遠慮する」は「しない」という意味なので、「～はご遠慮くださるようお願いいたします」は禁止に近いお願いを丁寧な表現で伝えています。（②の「お歩きくださるようお願いします」は、「歩いてください」とお願いする表現です。）「お願いします」より、「お願いいたします」のほうがあらたまった表現です。

④ お年寄りやお子様連れの方はご注意願います。
⑤ バスが止まってからお立ち願います。

【敬語の種類】 ④ 謙譲語 ご〈VN〉願います

⑤ 謙譲語 お〈Vます形〉願います

【伝えたいこと】〈お願い〉 ④お年寄りや子供を連れている人は注意してください。

⑤バスが止まってから立って（移動して）ください。

「お〈Vます形〉願います」「ご〈VN〉願います」はとても丁寧に指示する表現です。「お〈Vます形〉いただく」「ご〈VN〉いただく」と同じように、鉄道会社やバス会社などが客にこうしてほしいとお願いする特殊な形の謙譲語です。

新幹線で
しんかんせん

学習目標

少し長いアナウンスを聞き、
すこ なが き
必要な情報を理解する。
ひつよう じょうほう りかい

聞く前に 新幹線のアナウンスは、電車やバスより長いです。いろいろな敬語を
しんかんせん でんしゃ なが けいご
使いながら、とても丁寧に話していますので、その中から、必要な情
つか ていねい はな なか ひつよう じょう
報を拾って聞くようにしましょう。新幹線に乗っているとき、知りた
ほう ひろ き しんかんせん の し
い情報は何でしょうか。
じょうほう なん

聞きましょう **1 内容を理解しよう** 🔊02
ないよう りかい

金山に行くために新幹線に乗ると、アナウンスが聞こえてきました。
かなやま い しんかんせん の

▇▇ **次の言葉を確認しましょう。**
つぎ ことば かくにん

新幹線 しんかんせん	～号 ごう	経由 けいゆ	運転手 うんてんしゅ	車掌 しゃしょう	貴重品 きちょうひん	身につける み	盗難 とうなん	防止 ぼうし	緊急 きんきゅう	発生 はっせい
自動ドア じどう	乗務員 じょうむいん	指定席 していせき	自由席 じゆうせき	案内表示 あんないひょうじ	容赦 ようしゃ	デッキ	不審な ふしん	行為 こうい	駅係員 えきかかりいん	

▇▇ **音声を聞いて、全体の内容を理解しましょう。**
おんせい き ぜんたい ないよう りかい
① この新幹線が金山に着く時間は何時何分ですか。
しんかんせん かなやま つ じかん なんじ なんぷん
② 車内で緊急のことが発生した場合は、どうしたらいいですか。
しゃない きんきゅう はっせい ばあい

聞きましょう 2 敬語に注意して聞こう

■■ 音声を聞いて、①〜④の＿＿＿＿＿＿＿＿＿に敬語を使った表現を書きましょう。
その後、①〜④の 問1 〜 問3 に答えましょう。

問1 　＿＿＿＿＿＿＿＿で使われている敬語の種類をa〜cから選びましょう。

問2 　＿＿＿＿＿＿＿＿の０形を書きましょう。

問3 　文全体で伝えたいことは何ですか。a〜cから選びましょう。

① 本日も新幹線を＿＿＿＿＿＿＿＿＿＿＿＿＿＿＿、ありがとうございます。

問1 　a.尊敬語　　b.謙譲語　　c.美化語

問2 　＿＿＿＿＿＿＿＿＿＿＿＿＿＿＿＿＿＿

問3 　a.お願い　　b.説明　　c.あいさつ

② この電車は「あさひ」号、長尾経由金山行き＿＿＿＿＿＿＿＿＿＿＿＿。

問1 　a.尊敬語　　b.丁寧語　　c.美化語

問2 　＿＿＿＿＿＿＿＿＿＿＿＿＿＿＿＿＿＿

問3 　a.お願い　　b.説明　　c.あいさつ

③ 自由席は＿＿＿＿＿＿＿＿＿＿＿＿＿＿＿＿。

問1 　a.尊敬語　　b.丁寧語　　c.美化語

問2 　＿＿＿＿＿＿＿＿＿＿＿＿＿＿＿＿＿＿

問3 　a.お願い　　b.説明　　c.あいさつ

④ 携帯電話を ④-1 ＿＿＿＿＿＿＿際は、周りのお客様の ④-2 ＿＿＿＿＿＿＿となりませんよう、
デッキをご利用ください。

問1 　④-1　a.尊敬語　　b.謙譲語　　c.美化語

　　　④-2　a.尊敬語　　b.謙譲語　　c.美化語

問2 　④-1　＿＿＿＿＿＿＿＿＿＿＿＿＿＿＿＿＿＿＿＿

　　　④-2　＿＿＿＿＿＿＿＿＿＿＿＿＿＿＿＿＿＿＿＿

問3 　a.お願い　　b.説明　　c.あいさつ

■ スクリプトを見ながら聞いて、場面と敬語を確認しましょう。

〈新幹線の中のアナウンス〉

　①本日も新幹線をご利用くださいまして、ありがとうございます。②この電車は「あさひ」号、長尾経由金山行きでございます。運転手は田中、車掌は木村と佐藤が途中の長尾までご案内いたします。

　はじめに、止まります駅と到着時刻をご案内いたします。次の大竹には９時10分、長尾９時59分、富丘10時46分、終点の金山には11時６分の到着です。お客様にお知らせいたします。お休みの際やお席から離れる際は貴重品は身につけていただき、盗難防止にご協力をお願いいたします。また、車内で緊急のことが発生した場合には自動ドア横にございます赤いボタンを押して乗務員にお知らせ願います。この電車は全車が指定席です。③自由席はございません。恐れ入りますが、お手持ちの切符に書かれております号車番号と座席をよくお確かめの上、指定されたお席をご利用ください。

　お手洗いは自動ドアの横に案内表示がございます。車掌室は６号車、なお、業務のため不在の場合がありますので、ご容赦ください。電車はデッキ、トイレを含めましてすべて禁煙です。お客様にお願いいたします。④携帯電話をご使用の際は、周りのお客様のご迷惑となりませんよう、デッキをご利用ください。駅、および車内への危険物の持ち込みは禁止されております。不審なものや行為にお気づきの場合は、乗務員、または駅係員までお知らせください。

聞きましょう **1 内容を理解しよう** の答え

①11時６分です。　②自動ドア横の赤いボタンを押します。

解 説

① 本日も新幹線をご利用くださいまして、ありがとうございます。

【敬語の種類】　尊敬語　ご〈VN〉くださる

【伝えたいこと】〈あいさつ〉　今日も新幹線を利用してくれて、ありがとうございます。
　鉄道会社が、新幹線を利用してくれた乗客に対して感謝しています。

② この電車は「あさひ」号、長尾経由金山行きでございます。

③ 自由席はございません。

【敬語の種類】　② 　丁寧語　でございます　※「です」の意味
　　　　　　　　　③ 　丁重語　ございます＋否定

【伝えたいこと】〈説明〉　②この電車 (の名前) は「あさひ号」で、長尾経由金山行きです。
　　　　　　　　　〈説明〉　③自由席はありません。

　②の「でございます」は客／利用者に向けて使う丁寧な表現です。また、「何かがあるか、ないか」を説明するときには、③の丁重語「ございます／ございません」を使って丁寧に伝えることができます。

④ 携帯電話を^{④-1}ご使用の際は、周りのお客様の^{④-2}ご迷惑となりませんよう、デッキをご利用ください。

【敬語の種類】　④−１　尊敬語　ご〈VN〉
　　　　　　　　　④−２　尊敬語　ご〈なA〉

【伝えたいこと】〈お願い〉　携帯電話を^{④-1}使用するときは、周りのお客さんの^{④-2}迷惑にならないように、デッキを利用してください。

　携帯電話を使うときに注意してほしいことをお願いしていますが、「ご迷惑」は、周りのお客さんの迷惑という意味で、尊敬語です。アナウンスでよく使われる敬語です。

観光案内所で
<ruby>観<rt>かん</rt>光<rt>こう</rt>案<rt>あん</rt>内<rt>ない</rt>所<rt>じょ</rt></ruby>

<ruby>観<rt>かん</rt>光<rt>こう</rt>案<rt>あん</rt>内<rt>ない</rt>所<rt>じょ</rt></ruby>で
<ruby>旅<rt>りょ</rt>行<rt>こう</rt></ruby>に<ruby>役<rt>やく</rt>立<rt>だ</rt></ruby>つ<ruby>情<rt>じょう</rt>報<rt>ほう</rt></ruby>を<ruby>聞<rt>き</rt></ruby>き、<ruby>理<rt>り</rt>解<rt>かい</rt></ruby>する。

聞く前に　<ruby>駅<rt>えき</rt></ruby>や<ruby>観<rt>かん</rt>光<rt>こう</rt>地<rt>ち</rt></ruby>にある<ruby>観<rt>かん</rt>光<rt>こう</rt>案<rt>あん</rt>内<rt>ない</rt>所<rt>じょ</rt></ruby>（インフォメーションセンター）には、<ruby>旅<rt>りょ</rt>行<rt>こう</rt></ruby>に<ruby>役<rt>やく</rt></ruby>に<ruby>立<rt>た</rt></ruby>ついろいろな<ruby>情<rt>じょう</rt>報<rt>ほう</rt></ruby>があります。あなたが<ruby>旅<rt>りょ</rt>行<rt>こう</rt>者<rt>しゃ</rt></ruby>だったら、<ruby>案<rt>あん</rt>内<rt>ない</rt>所<rt>じょ</rt></ruby>でどのような<ruby>情<rt>じょう</rt>報<rt>ほう</rt></ruby>がほしいですか。それらの<ruby>情<rt>じょう</rt>報<rt>ほう</rt></ruby>について、<ruby>案<rt>あん</rt>内<rt>ない</rt>所<rt>じょ</rt></ruby>の<ruby>人<rt>ひと</rt></ruby>はどのように<ruby>説<rt>せつ</rt>明<rt>めい</rt></ruby>してくれるでしょうか。

聞きましょう　1 内容を理解しよう　◀))03

<ruby>観<rt>かん</rt>光<rt>こう</rt>案<rt>あん</rt>内<rt>ない</rt>所<rt>じょ</rt></ruby>の<ruby>受<rt>うけ</rt>付<rt>つけ</rt></ruby>で、<ruby>案<rt>あん</rt>内<rt>ない</rt>所<rt>じょ</rt></ruby>の<ruby>人<rt>ひと</rt></ruby>と<ruby>旅<rt>りょ</rt>行<rt>こう</rt>者<rt>しゃ</rt></ruby>が<ruby>話<rt>はな</rt></ruby>しています。

■ 次の言葉を確認しましょう。

> <ruby>1<rt>にち</rt>日<rt></rt>券<rt>けん</rt></ruby>　<ruby>入<rt>にゅう</rt>場<rt>じょう</rt>料<rt>りょう</rt></ruby>　<ruby>割<rt>わり</rt>引<rt>びき</rt></ruby>　<ruby>始<rt>し</rt>発<rt>はつ</rt></ruby>　<ruby>終<rt>しゅう</rt>電<rt>でん</rt></ruby>　リスト　<ruby>空<rt>くう</rt>港<rt>こう</rt></ruby>リムジンバス
> モノレール　クレジットカード（クレカ）　<ruby>交<rt>こう</rt>通<rt>つう</rt>系<rt>けい</rt></ruby>ICカード

■■ 音声を聞いて、全体の内容を理解しましょう。
① <ruby>観<rt>かん</rt>光<rt>こう</rt>案<rt>あん</rt>内<rt>ない</rt>所<rt>じょ</rt></ruby>の<ruby>人<rt>ひと</rt></ruby>と<ruby>旅<rt>りょ</rt>行<rt>こう</rt>者<rt>しゃ</rt></ruby>は、<ruby>何<rt>なに</rt></ruby>について<ruby>話<rt>はなし</rt></ruby>をしていますか。
② <ruby>旅<rt>りょ</rt>行<rt>こう</rt>者<rt>しゃ</rt></ruby>は<ruby>何<rt>なに</rt></ruby>を<ruby>買<rt>か</rt></ruby>いましたか。また、そのとき、<ruby>何<rt>なに</rt></ruby>で<ruby>支<rt>し</rt>払<rt>はら</rt></ruby>いましたか。

聞きましょう 2 敬語に注意して聞こう 🔊 03

■ 音声を聞いて、①〜⑤の _____ に敬語を使った表現を書きましょう。
その後、①〜⑤の 問1 〜 問3 に答えましょう。

問1 _____ で使われている敬語の種類をa〜cから選びましょう。

問2 _____ のΟ形を書きましょう。

問3 文全体で伝えたいことは何ですか。a〜cから選びましょう。

① 最初に、使い方を _____ ね。

問1 　a.尊敬語　　b.謙譲語　　c.丁重語

問2 　_____

問3 　a.お願い　　b.説明　　c.質問

② それから、 _____ 電車やバスがあります。

問1 　a.尊敬語　　b.謙譲語　　c.丁重語

問2 　_____

問3 　a.お願い　　b.説明　　c.質問

③ 空港リムジンバスやモノレールには、 _____ 。

問1 　a.尊敬語　　b.謙譲語　　c.丁重語

問2 　_____

問3 　a.お願い　　b.説明　　c.質問

④ 何かご不明な点は _____ か。

問1 　a.尊敬語　　b.謙譲語　　c.丁重語

問2 　_____

問3 　a.お願い　　b.説明　　c.質問

⑤ クレジットカードや交通系ICカードでも _____ 。

問1 　a.尊敬語　　b.謙譲語　　c.丁重語

問2 　_____

問3 　a.お願い　　b.説明　　c.確認

■■ スクリプトを見ながら聞いて、場面と敬語を確認しましょう。

旅行者　　　：あの、すみません、「東京観光パス」は、ここで買えますか。

案内所の人：はい、こちらでも販売しております。

旅行者　　　：そうですか。えっと、このパスがあったら、電車が1日無料になりますか。

案内所の人：はい、1日券と2日券がございます。2日券でしたら、2日連続で利用することができます。電車だけでなく、バスもご利用になれますし、一部の美術館や博物館の入場料も割引になります。

旅行者　　　：そうですか、じゃあ、2日券を1枚、お願いします。

案内所の人：わかりました。少々お待ちください。（券を用意する）こちらです。

旅行者　　　：はい。

案内所の人：①最初に、使い方をご説明しますね。電車やバスは、その日の始発から終電まで、2日間お使いになれます。利用開始時間から48時間ではないので、ご注意ください。

旅行者　　　：はい。

案内所の人：②それから、ご利用になれない電車やバスがあります。電車やバスを利用されるとき、利用できるかどうか、このリストで確認してからご利用ください。

旅行者　　　：えっ。小田山線は大丈夫ですか。乗ろうと思っていたんですけど。

案内所の人：小田山線は大丈夫ですよ。

旅行者　　　：ああ、よかった。

案内所の人：例えば、③空港リムジンバスやモノレールには、お使いいただけません。あと、特急や急行列車に乗るときは、追加料金が必要なことがございます。

旅行者　　　：わかりました。

案内所の人：それから、このリストにある美術館や博物館で、このパスを受付でお見せになると、入場料が無料になりますので、ぜひご利用ください。④何かご不明な点はございませんか。

旅行者　　　：いえ。うん、大丈夫だと思います。

案内所の人：では、「東京観光パス」2日券1枚で3,500円です。⑤クレジットカードや交通系ICカードでもお支払いいただけます。

旅行者　　　：じゃあ、クレカでお願いします。

聞きましょう 1 内容を理解しよう の答え

①「東京観光パス」について話をしています。
②「東京観光パス」2日券を1枚買って、クレジットカードで支払いました。

解説

① 最初に、使い方をご説明しますね。

【敬語の種類】　謙譲語　ご〈VN〉する

【伝えたいこと】〈説明〉　最初に、使い方を説明しますね。

　案内所の人が旅行者に自分の行動を説明するときに、謙譲語を使って丁寧に表現しています。

② それから、ご利用になれない電車やバスがあります。

【敬語の種類】　尊敬語　ご〈VN〉になる＋可能＋否定

【伝えたいこと】〈説明〉（このパスでは）利用できない電車やバスがあります。

　このパスでは利用できない交通手段について、丁寧に説明しています。

③ 空港リムジンバスやモノレールには、お使いいただけません。

⑤ クレジットカードや交通系ICカードでもお支払いいただけます。

【敬語の種類】　③　謙譲語　お〈Vます形〉いただく＋可能＋否定

　　　　　　　　⑤　謙譲語　お〈Vます形〉いただく＋可能

【伝えたいこと】〈説明〉③空港リムジンバスやモノレールには、使えません。

　　　　　　　　〈説明〉⑤クレジットカードや交通系ICカードでも支払えます。

　③は「使えない」ということを、⑤は「支払える」ということを丁寧に説明するため、謙譲語「お〈Vます形〉いただく」の形を使っています。「いただく」の意味はほとんどなく、とても丁寧な表現です。「お〈Vます形〉いただける」は謙譲語「いただく」を使っていますが、Vは客／利用者などの行動を表す動詞です。

④ 何かご不明な点はございませんか。

【敬語の種類】　丁重語　ございます＋否定

【伝えたいこと】〈確認〉何か不明な（＝わからない）点がありませんか。

　説明の最後にわからない点がないかどうか確認しています。わからないことがあったら質問し、なければ「はい、ありません」「大丈夫です」などと答えます。「ございます」は丁重語で、ものや自分側のことに使うことが多いですが、このような場合にも使うことがあります。

チャレンジ問題

<ruby>音声<rt>おんせい</rt></ruby>を<ruby>聞<rt>き</rt></ruby>いて、＿＿＿＿に<ruby>敬語<rt>けいご</rt></ruby>を<ruby>使<rt>つか</rt></ruby>った<ruby>表現<rt>ひょうげん</rt></ruby>を<ruby>書<rt>か</rt></ruby>きましょう。

どのような<ruby>敬語<rt>けいご</rt></ruby>が<ruby>使<rt>つか</rt></ruby>われているか、<ruby>話<rt>はな</rt></ruby>している<ruby>人<rt>ひと</rt></ruby>がその<ruby>文全体<rt>ぶんぜんたい</rt></ruby>で<ruby>何<rt>なに</rt></ruby>を<ruby>伝<rt>つた</rt></ruby>えたいかも<ruby>考<rt>かんが</rt></ruby>えましょう。

場面 1 ◀)) 04

① <ruby>車内<rt>しゃない</rt></ruby>では、<ruby>携帯電話<rt>けいたいでんわ</rt></ruby>やスマートフォンをマナーモードにしていただき、<ruby>通話<rt>つうわ</rt></ruby>は＿＿＿＿＿＿＿＿＿＿＿＿＿＿＿＿＿。

② <ruby>発車<rt>はっしゃ</rt></ruby>まで、<ruby>少々<rt>しょうしょう</rt></ruby>＿＿＿＿＿＿＿＿＿＿＿＿＿＿＿ようお<ruby>願<rt>ねが</rt></ruby>いいたします。

③ お<ruby>立<rt>た</rt></ruby>ちの<ruby>方<rt>かた</rt></ruby>は、お<ruby>近<rt>ちか</rt></ruby>くの<ruby>手<rt>て</rt></ruby>すりなどに＿＿＿＿＿＿＿＿＿＿＿＿＿＿＿。

場面 2 ◀)) 05

① お<ruby>降<rt>お</rt></ruby>りの<ruby>際<rt>さい</rt></ruby>は<ruby>足下<rt>あしもと</rt></ruby>に＿＿＿＿＿＿＿＿＿＿＿＿＿＿＿。

② お<ruby>乗<rt>の</rt></ruby>り<ruby>換<rt>か</rt></ruby>えの＿＿＿＿＿＿＿＿＿をいたします。

③ <ruby>本日<rt>ほんじつ</rt></ruby>も、<ruby>新幹線<rt>しんかんせん</rt></ruby>を＿＿＿＿＿＿＿＿＿＿＿＿＿＿＿ありがとうございました。

場面 3 ◀)) 06

① こちらでも＿＿＿＿＿＿＿＿＿＿＿＿＿＿＿。

② <ruby>使<rt>つか</rt></ruby>い<ruby>始<rt>はじ</rt></ruby>めた<ruby>日<rt>ひ</rt></ruby>からちょうど3<ruby>日間<rt>みっかかん</rt></ruby>、＿＿＿＿＿＿＿＿＿＿＿＿＿＿＿よ。

③ このパスは＿＿＿＿＿＿＿＿＿＿＿＿＿＿＿。

買い物

買い物にはいろいろな状況があります。店員に自分の希望を伝えることもあれば、店員からの指示や勧めを聞くこともあります。いろいろな買い物の場面の会話を聞いてみましょう。店員が使う敬語に注意して、自分が何をすればいいかを考えましょう。

服を買う

ふく か

学習目標

店員からの指示、勧めを聞き、
てんいん し じ すす き
何をするかを理解する。
なに り かい

聞く前に 服や靴などの買い物で、店員がどのようなとき、どのような敬語を
ふく くつ か もの てんいん けい ご
使って客に話しかけているかを思い出してみましょう。
つか きゃく はな おも だ

聞きましょう **1 内容を理解しよう** 🔊**07**

服売り場で、店員と客が話しています。
ふく う ば てんいん きゃく はな

🔳 **次の言葉を確認しましょう。**

新作 トレンドカラー 試着 試着室 満室 番号札 店内
しんさく し ちゃく し ちゃくしつ まんしつ ばんごうふだ てんない

🔳 **音声を聞いて、全体の内容を理解しましょう。**
① 客は何を試着しますか。
きゃく なに し ちゃく
② 試着する順番になったら、店員は客をどのように呼びますか。
し ちゃく じゅんばん てんいん きゃく よ

聞きましょう **2 敬語に注意して聞こう** ◀))**07**

■ 音声を聞いて、①～⑤の_____に敬語を使った表現を書きましょう。

　その後、①～⑤の(問1)～(問3)に答えましょう。

(問1)　_____で使われている敬語の種類をa～cから選びましょう。

(問2)　_____の０形を書きましょう。

(問3)　文全体で伝えたいことは何ですか。a～cから選びましょう。

① 何か_____か。

(問1)　a.尊敬語　b.謙譲語　c.丁重語

(問2)　_____

(問3)　a.申し出　b.確認　c.説明

② ただいま（Lサイズの服を）_____。

(問1)　a.尊敬語　b.謙譲語　c.丁重語

(問2)　_____

(問3)　a.説明　b.確認　c.質問

③ よろしければ、ぜひ_____か。

(問1)　a.尊敬語　b.謙譲語　c.丁重語

(問2)　_____

(問3)　a.勧め　b.確認　c.お願い

④ 順番に④-1_____ので、こちらの番号札を④-2_____。

(問1)　④-1　a.尊敬語　b.謙譲語　c.美化語

　　　④-2　a.尊敬語　b.謙譲語　c.丁重語

(問2)　④-1　_____

　　　④-2　_____

(問3)　a.提案　b.確認　c.お願い

⑤ 順番になりましたら、番号で_____。

(問1)　a.尊敬語　b.謙譲語　c.丁重語

(問2)　_____

(問3)　a.提案　b.確認　c.お願い

■■ **スクリプトを見ながら聞いて、場面と敬語を確認しましょう。**

店員：①何かお探しですか。

客　：特にないんですけど、何か新しい商品があるかなと思って……。

店員：ちょうど新作が出たばかりです。今年のトレンドカラーは水色でして、特にこちらの水色のスカートはお勧めですよ。

客　：わー、きれいな色ですね。あの、Lサイズはありますか。

店員：はい、②ただいまお持ちします。（Lサイズを持ってくる）こちらがLサイズでございます。③よろしければ、ぜひご試着になりませんか。

客　：じゃあ、着てみようかな……。

店員：はい、ぜひ。こちらへどうぞ。

　　　（試着室を確認して）
　　　申し訳ございません。ただいま試着室が満室でして、④順番にご案内しますので、こちらの番号札をお持ちください。

客　：はい。

店員：⑤順番になりましたら、番号でお呼びします。どうぞ店内をご覧になってお待ちくださいませ。

聞きましょう　1 内容を理解しよう　の答え

①Lサイズの水色のスカートを試着します。　②番号札の番号で呼びます。

解 説

① 何か<ruby>探<rt>さが</rt></ruby>しですか。

【敬語の種類】　尊敬語　お〈Vます形〉だ

【伝えたいこと】〈申し出〉　何か<ruby>探<rt>さが</rt></ruby>していますか。(=<ruby>探<rt>さが</rt></ruby>しているなら<ruby>手伝<rt>てつだ</rt></ruby>いますよ。)
　　<ruby>質問<rt>しつもん</rt></ruby>の<ruby>形<rt>かたち</rt></ruby>ですが、<ruby>店員<rt>てんいん</rt></ruby>が言いたいのは「何か<ruby>探<rt>さが</rt></ruby>しているなら<ruby>手伝<rt>てつだ</rt></ruby>いますよ」ということで、<ruby>手伝<rt>てつだ</rt></ruby>うことを<ruby>申<rt>もう</rt></ruby>し<ruby>出<rt>で</rt></ruby>ている<ruby>表現<rt>ひょうげん</rt></ruby>です。

② ただいま (Lサイズの<ruby>服<rt>ふく</rt></ruby>を) お<ruby>持<rt>も</rt></ruby>ちします。

【敬語の種類】　謙譲語　お〈Vます形〉する

【伝えたいこと】〈説明〉　今 (Lサイズの<ruby>服<rt>ふく</rt></ruby>を) <ruby>持<rt>も</rt></ruby>ってきます。
　　<ruby>謙譲語<rt>けんじょうご</rt></ruby>を<ruby>使<rt>つか</rt></ruby>って<ruby>店員<rt>てんいん</rt></ruby>の<ruby>動作<rt>どうさ</rt></ruby>を<ruby>説明<rt>せつめい</rt></ruby>しています。<ruby>客<rt>きゃく</rt></ruby>はそのままそこで<ruby>店員<rt>てんいん</rt></ruby>を<ruby>待<rt>ま</rt></ruby>ちます。

③ よろしければ、ぜひご<ruby>試着<rt>しちゃく</rt></ruby>になりませんか。

【敬語の種類】　尊敬語　ご〈VN〉になる+<ruby>否定<rt>ひてい</rt></ruby>

【伝えたいこと】〈<ruby>勧<rt>すす</rt></ruby>め〉　よければ、ぜひ<ruby>試着<rt>しちゃく</rt></ruby>しませんか。
　　「ませんか」を<ruby>付<rt>つ</rt></ruby>けることで、<ruby>丁寧<rt>ていねい</rt></ruby>に<ruby>客<rt>きゃく</rt></ruby>に<ruby>勧<rt>すす</rt></ruby>める<ruby>表現<rt>ひょうげん</rt></ruby>になっています。<ruby>客<rt>きゃく</rt></ruby>は「お<ruby>願<rt>ねが</rt></ruby>いします」や「<ruby>結構<rt>けっこう</rt></ruby>です」など、<ruby>試着<rt>しちゃく</rt></ruby>するかどうかを<ruby>店員<rt>てんいん</rt></ruby>に<ruby>伝<rt>つた</rt></ruby>えます。

④ <ruby>順番<rt>じゅんばん</rt></ruby>に^{④-1}ご<ruby>案内<rt>あんない</rt></ruby>しますので、こちらの<ruby>番号札<rt>ばんごうふだ</rt></ruby>を^{④-2}お<ruby>持<rt>も</rt></ruby>ちください。

【敬語の種類】　　④-1　　謙譲語　　ご〈VN〉する

　　　　　　　　④-2　　尊敬語　　お〈Vます形〉ください

【伝えたいこと】〈お<ruby>願<rt>ねが</rt></ruby>い〉　<ruby>順番<rt>じゅんばん</rt></ruby>に^{④-1}<ruby>案内<rt>あんない</rt></ruby>するので、この<ruby>番号札<rt>ばんごうふだ</rt></ruby>を^{④-2}<ruby>持<rt>も</rt></ruby>っていてください。
　　<ruby>客<rt>きゃく</rt></ruby>は<ruby>番号札<rt>ばんごうふだ</rt></ruby>を<ruby>持<rt>も</rt></ruby>って、<ruby>順番<rt>じゅんばん</rt></ruby>を<ruby>待<rt>ま</rt></ruby>ちます。

⑤ <ruby>順番<rt>じゅんばん</rt></ruby>になりましたら、<ruby>番号<rt>ばんごう</rt></ruby>でお<ruby>呼<rt>よ</rt></ruby>びします。

【敬語の種類】　謙譲語　お〈Vます形〉する

【伝えたいこと】〈お<ruby>願<rt>ねが</rt></ruby>い〉　<ruby>順番<rt>じゅんばん</rt></ruby>になったら、(<ruby>店員<rt>てんいん</rt></ruby>が) <ruby>番号<rt>ばんごう</rt></ruby>を<ruby>呼<rt>よ</rt></ruby>びます (ので、来て
　　　　　　　　　　　ください)。
　　<ruby>店員<rt>てんいん</rt></ruby>の<ruby>行動<rt>こうどう</rt></ruby>を<ruby>説明<rt>せつめい</rt></ruby>する<ruby>形<rt>かたち</rt></ruby>ですが、<ruby>店員<rt>てんいん</rt></ruby>が言いたいのは、<ruby>呼<rt>よ</rt></ruby>ばれたら<ruby>来<rt>き</rt></ruby>てほしいということです。

電化製品を買う

学習目標
店員に自分の希望を伝え、
店員の話を理解する。

聞く前に　買い物するとき、店員に話しかけることもあるでしょう。そして、店員もあなたに質問や確認をするでしょう。そのようなとき、どのような敬語を使っているかを思い出してみましょう。

聞きましょう **1 内容を理解しよう** ◀))08

電化製品の売り場で、店員と客が話しています。

■■ 次の言葉を確認しましょう。

| 掃除機 | 在庫 | 取り寄せ | 受け取る | 可能 | 配送 | 負担 | 伝票 | 記入 | 時間帯 |

■■ 音声を聞いて、全体の内容を理解しましょう。
① 客はほしい掃除機を、いつ受け取る予定ですか。
② 客は掃除機をどこで受け取りますか。

聞きましょう 2 敬語に注意して聞こう ◀))08

■ 音声を聞いて、①〜③の＿＿＿＿＿＿＿＿に敬語を使った表現を書きましょう。

その後、①〜③の 問1 〜 問3 に答えましょう。

問1 ＿＿＿＿＿＿＿で使われている敬語の種類をa〜cから選びましょう。

問2 ＿＿＿＿＿＿＿の0形を書きましょう。

問3 文全体で伝えたいことは何ですか。a〜cから選びましょう。

① よろしければ、①-1＿＿＿＿＿＿＿も①-2＿＿＿＿＿＿＿が、

いかが①-3＿＿＿＿＿＿＿か。

問1 ①－1　a.尊敬語　b.謙譲語　c.丁重語

①－2　a.尊敬語　b.謙譲語　c.丁重語

①－3　a.尊敬語　b.謙譲語　c.丁重語

問2 ①－1　_____

①－2　_____

①－3　_____

問3 a.お願い　b.説明　c.質問

② 恐れ入りますが、こちらの伝票にお名前とご住所、お電話番号を＿＿＿＿＿＿＿

＿＿＿＿＿＿＿か。

問1 a.尊敬語　b.謙譲語　c.丁重語

問2 _____

問3 a.お願い　b.説明　c.質問

③ 19時から21時の時間帯の③-1＿＿＿＿ということで③-2＿＿＿＿＿＿＿。

問1 ③－1　a.尊敬語　b.謙譲語　c.丁重語

③－2　a.尊敬語　b.謙譲語　c.丁重語

問2 ③－1　_____

③－2　_____

問3 a.お願い　b.説明　c.確認

■■ **スクリプトを見ながら聞いて、場面と敬語を確認しましょう。**

客 ：すみません、この掃除機の赤いのがほしいんですが……。赤もありますよね。

店員：こちらですね。在庫をお調べしますので、少々お待ちください。

（在庫を調べに行って戻ってくる。）

申し訳ございませんが、こちらの赤色の商品はただいま当店に在庫がございません。①よろしければ、お取り寄せも 承 りますが、いかがなさいますか。

客 ：はい、お願いします。できれば早く使いたいんですが、いつ受け取れますか。

店員：明日の午後には、お受け取りが可能でございます。

客 ：明日は取りに来られないので……。あの、商品を自宅に送ってもらうことはできますか。

店員：はい、ご配送も 承 っております。配送料はお客様のご負担になりますが、よろしいですか。

客 ：はい。

店員：②恐れ入りますが、こちらの伝票にお名前とご住所、お電話番号をご記入いただけますか。（客が記入する）ご記入ありがとうございます。お受け取りの時間帯のご希望はございますか。

客 ：えーと、夜７時以降がいいんですが。

店員：それでは、明日③19時から21時の時間帯のご配送ということで 承 りました。レジにご案内しますので、お会計をお願いいたします。こちらへどうぞ。

聞きましょう **1 内容を理解しよう** の答え

①明日、（19時から21時の間に）受け取る予定です。 ②客の自宅で受け取ります。

解 説

① よろしければ、①⁻¹お取り寄せも①⁻²承りますが、いかが①⁻³なさいますか。

【敬語の種類】　①－1　謙譲語　お〈N〉

　　　　　　　①－2　謙譲語　＊承る　※「引き受ける」の意味

　　　　　　　①－3　尊敬語　＊なさる

【伝えたいこと】〈質問〉　よければ、（店がほかから）①⁻¹取り寄せることも①⁻²引き受

　　　　　　　　けます／できますが、どう①⁻³しますか。

　「お取り寄せも承る」で「取り寄せることも引き受ける」つまり「取り寄せることもできる」の意味になります。「いかが」は「どう」の丁寧な表現で、店員は「なさる」という尊敬語を使って、取り寄せをしたいかどうかを質問しています。客は「お願いします」や「結構です」などと言って、取り寄せをするかどうかを店員に伝えます。

② 恐れ入りますが、こちらの伝票にお名前とご住所、お電話番号をご記入いただけますか。

【敬語の種類】　謙譲語　ご〈VN〉いただく＋可能

【伝えたいこと】〈お願い〉　すみませんが、この伝票に名前と住所、電話番号を記入

　　　　　　　　してもらえますか（＝記入してください）。

　客は店員に言われた通り、伝票に記入します。「記入してください」ではなく、質問する形にすることが丁寧さにつながります。

③ 19時から21時の時間帯の③⁻¹ご配送ということで③⁻²承りました。

【敬語の種類】　③－1　謙譲語　ご〈VN〉

　　　　　　　③－2　謙譲語　＊承る　※「引き受ける」の意味

【伝えたいこと】〈確認〉　19時から21時の時間帯の③⁻¹配送ということを③⁻²引き受

　　　　　　　　けました。

　店員はこの時間帯の配送を引き受けたということを客に伝えて確認しています。客は理解して確認すればいいので、「はい」と答えたり、うなずいたりします。

食べ物を買う

学習目標

店員からの質問や確認に答え、
説明を理解する。

聞く前に デパートの地下(デパ地下)や駅の中(エキナカ)には、サラダやお菓子などを売っている店がたくさんあります。必要な分だけ買いたいときの店の人との会話を考えてみましょう。

聞きましょう 1 内容を理解しよう 🔊09

量り売りの総菜売り場で、店員と客が話しています。

■ 次の言葉を確認しましょう。

夏野菜　キノコ　ロールキャベツ　ラップ　保冷剤　タッチする　控え

■ 音声を聞いて、全体の内容を理解しましょう。
① 客は、何をどのぐらい買いましたか。
② 客は、保冷剤、お箸、袋の中で何をもらいましたか。

聞きましょう 2 敬語に注意して聞こう ◀》09

■ 音声を聞いて、①〜④の_____に敬語を使った表現を書きましょう。
その後、①〜④の問1〜問3に答えましょう。

問1　_____で使われている敬語の種類をa〜cから選びましょう。

問2　_____の0形を書きましょう。

問3　文全体で伝えたいことは何ですか。a〜cから選びましょう。

① これで230グラムですが、もっと_____か。

問1　a.尊敬語　b.謙譲語　c.美化語
　　　　　そんけいご　　けんじょうご　　びかご

問2　_____

問3　a.説明　b.質問　c.お願い
　　　せつめい　　しつもん　　ねが

② こちらのサラダも、温めてもおいしく_____ので。
　　　　　　　　　　あたた

問1　a.尊敬語・謙譲語　b.尊敬語　c.謙譲語

問2　_____

問3　a.説明　b.質問　c.お願い

③ 保冷剤とお箸は_____か。
　ほれいざい　　はし

問1　a.尊敬語　b.謙譲語　c.美化語

問2　_____

問3　a.説明　b.質問　c.お願い

④ 袋は有料ですが、どう_____か。
　ふくろ　ゆうりょう

問1　a.尊敬語　b.謙譲語　c.丁重語
　　　　　　　　　　　　　　　　ていちょうご

問2　_____

問3　a.説明　b.質問　c.申し出
　　　　　　　　　　　　もう　で

聞きましょう 3 詳しく理解しよう 🔊09

■■ スクリプトを見ながら聞いて、場面と敬語を確認しましょう。

客 ：すみません、夏野菜とキノコのサラダを200グラムお願いします。

店員：夏野菜とキノコを200グラムですね。

　　　（サラダを容器に入れて、重さを量る。）

　　　196グラムですが、いかがでしょうか。

客 ：あー、じゃあ、すみません、もう少しだけ……。

店員：はい。……①これで230グラムですが、もっとお入れしますか。

客 ：あ、そのぐらいで。あと、このロールキャベツを2つください。

店員：はい。こちらはお皿に移してラップをしてから、レンジで温めてお召し上がり

　　　ください。②こちらのサラダも、温めてもおいしくお召し上がりいただけますの

　　　で。

客 ：はい。

店員：ほかにはいかがですか。

客 ：あ、以上でお願いします。

店員：③保冷材とお箸はお付けしますか。

客 ：保冷材だけお願いします。

店員：④袋は有料ですが、どうなさいますか。

客 ：あります。大丈夫です。

店員：夏野菜とキノコのサラダ230グラム、ロールキャベツ2つ、お会計が1,898円

　　　でございます。

客 ：カードでお願いします。

店員：はい、金額をご確認のうえ、こちらにタッチしてください。

　　　ありがとうございます。お品物とお控えです。

客 ：はい、ありがとうございます。

店員：またお越しください。ありがとうございました。

聞きましょう 1 内容を理解しよう の答え

①夏野菜とキノコのサラダを230グラム、ロールキャベツを2つ買いました。
②保冷剤をもらいました。

解説

① これで230グラムですが、もっとお入れしますか。

【敬語の種類】　謙譲語　お〈Vます形〉する

【伝えたいこと】〈質問〉　これで230グラムですが、もっと入れますか。

　「もっとお入れしますか」は、量を聞いているので、「もう少しお願いします」「そのぐらいでいいです」などと答えます。

② こちらのサラダも、温めてもおいしくお召し上がりいただけますので。

【敬語の種類】　尊敬語・謙譲語　＊召し上がる・お〈Vます形〉いただく＋可能

【伝えたいこと】〈説明〉　このサラダも、温めてもおいしく食べてもらえますので。
　　　　　　　　　　　　＝温めてもおいしく食べられますので（よかったらレンジで温めてください）。

　尊敬語と謙譲語が同時に使われています。「召し上がる」は、「食べる／飲む」の尊敬語で、「お〈Vます形〉いただく」は高くしたい人の動作を自分側から表現するので謙譲語です。伝えたいことは「食べられる」で、「いただく」の意味はほとんどなく、とても丁寧な表現です。

③ 保冷剤とお箸はお付けしますか。

【敬語の種類】　謙譲語　お〈Vます形〉する

【伝えたいこと】〈質問〉　保冷剤と箸は付けますか。

　「お付けしますか」は、付けるかどうか（必要かどうか）を聞かれているので、「はい、お願いします」「いいえ（結構です）」などと答えます。

④ 袋は有料ですが、どうなさいますか。

【敬語の種類】　尊敬語　＊なさる

【伝えたいこと】〈質問〉　袋は有料ですが、どうしますか（＝必要ですか）。

　ここでは、店員が客に対して、袋を必要としているかどうかを質問しています。客は「お願いします」「大丈夫です」などと、袋が欲しいかどうかを答えます。

プレゼントを買う

店のサービスやシステムについての説明を理解し、
必要かどうかを判断して答える。

聞く前に　多くの店では、プレゼントだと言うときれいにラッピング（包装）して
くれます。何をあげればいいか相談にのってくれることもあります。
プレゼントを買うとき店員とどのような会話をするか、考えてみま
しょう。

聞きましょう　1 内容を理解しよう 🔊 10

雑貨店のレジで、店員と客が話しています。

■ 次の言葉を確認しましょう。

自宅用　袋　リボン　箱　箱代　無料　当店　ポイントカード　アプリ　インストール

■ 音声を聞いて、全体の内容を理解しましょう。
① この店では、どのようなラッピングができますか。
② 客は、どのようなラッピングをしてもらいましたか。

聞きましょう 2 敬語に注意して聞こう 🔊 10

■ 音声を聞いて、①～④の＿＿＿＿＿＿＿に敬語を使った表現を書きましょう。

その後、①～④の問1～問3に答えましょう。

問1 ＿＿＿＿＿＿＿で使われている敬語の種類をa～cから選びましょう。

問2 ＿＿＿＿＿＿＿の０形を書きましょう。

問3 文全体で伝えたいことは何ですか。a～cから選びましょう。

① 箱にお入れする場合は、箱代として５０円＿＿＿＿＿＿＿＿＿＿。

問1 a.尊敬語　b.謙譲語　c.謙譲語＋丁重語

問2 ＿＿＿＿＿＿＿＿＿＿＿＿＿＿＿＿＿

問3 a.説明　b.質問　c.申し出

② 当店のポイントカードは＿＿＿＿＿＿＿＿か。

問1 a.尊敬語　b.謙譲語　c.美化語

問2 ＿＿＿＿＿＿＿＿＿＿＿＿＿＿＿＿＿

問3 a.説明　b.質問　c.あいさつ

③ 今アプリを＿＿＿＿＿＿＿＿＿と、今日のポイントから貯まりますの

で、よろしかったら……。

問1 a. 尊敬語　b.謙譲語　c.丁重語

問2 ＿＿＿＿＿＿＿＿＿＿＿＿＿＿＿＿＿

問3 a.説明　b.質問　c.勧め

④ はい、（カードを）＿＿＿＿＿＿＿＿＿。

問1 a.謙譲語　b.謙譲丁重語　c.丁重語

問2 ＿＿＿＿＿＿＿＿＿＿＿＿＿＿＿＿＿

問3 a.説明　b.質問　c.あいさつ

■■ スクリプトを見ながら聞いて、場面と敬語を確認しましょう。

客　：お願いします。

店員：ご自宅用ですか。

客　：あ、プレゼントなんですけど。

店員：この袋にリボンをお付けしてこのような感じにするか、①箱にお入れする場合
　　　は、箱代として５０円いただいております。このような感じですね。メッセージ
　　　カードは無料でお付けします。

客　：あー、じゃあ、箱に入れてください。

店員：かしこまりました。リボンをこちらの３色からお選びください。

客　：えーと、じゃあ、水色のリボンで。

店員：こちらですね。お包みしますので、店内をご覧になってお待ちください。

　　　＊＊＊

店員：お客様、このような感じでよろしいですか。

客　：あ、かわいい！

店員：ありがとうございます。お会計が6,100円ですね。②当店のポイントカードは
　　　お持ちですか。

客　：いえ。

店員：③今アプリをインストールしていただくと、今日のポイントから貯まりますの
　　　で、よろしかったら……。

客　：あ、今日はいいです。

店員：承知しました。お支払いはいかがなさいますか。

客　：カードで。

店員：④はい、お預かりいたします。

　　　（カードで支払いをする。）

店員：ありがとうございました。またお待ちしております。

聞きましょう 1 内容を理解しよう の答え

①無料の場合：袋に入れてリボンを付けます。有料の場合：箱に入れてリボンを付けます。
②箱に入れて水色のリボンを付けてもらいました。

解 説

① 箱にお入れする場合は、箱代として50円いただいております。

【敬語の種類】 謙譲語 ＋ 丁重語 ＊いただく ＋〈Vて形〉おります

【伝えたいこと】〈説明〉 箱に入れる場合は、箱代として50円もらっています（＝もらうことになっています）。

　店員は謙譲語で客を高くし、丁重語を一緒に使うことであらたまった気持ちも表しています。客は、箱に入れる場合は品物代のほかに箱代が必要だという情報を理解し、「箱に入れてください」「袋で」などと返事をします。

② 当店のポイントカードはお持ちですか。

【敬語の種類】 尊敬語 お〈Vます形〉だ

【伝えたいこと】〈質問〉 この店のポイントカードは持っていますか。

　店員の質問に対し、客は持っているかいないかを答え、持っている場合は店員に提示します。

③ 今アプリをインストールしていただくと、今日のポイントから貯まりますので、よろしかったら……。

【敬語の種類】 謙譲語 〈Vて形〉いただく

【伝えたいこと】〈勧め〉 今アプリをインストールしてもらう（＝インストールする）と、今日のポイントから貯まるので、よかったら（アプリをインストールしてポイントカードを作りませんか）。

　「インストールしていただく」の「いただく」はほとんど恩恵の意味はありません。店員の勧めに対し、客は必要かどうか考え、返事をします。必要ない場合は「今日はいいです」などと言って断ります。強い勧めにならないように店員は「作りませんか」という言葉は言っていません。

④ はい、（カードを）お預かりいたします。

【敬語の種類】 謙譲丁重語 お〈Vます形〉いたします

【伝えたいこと】〈説明〉 はい、（カードを）預かります（＝受け取ります）。

　支払いの際、店員がカードや現金を受け取るときによく使われる表現で、客は特に返事をする必要はありません。

チャレンジ問題

音声を聞いて、_____に敬語を使った表現を書きましょう。
どのような敬語が使われているか、話している人がその文全体で何を伝えたいかも考えましょう。

場面 1 🔊11

① よろしければ、スカートに合わせて_____か。

② では、スカートとセーターはレジで_____ね。

場面 2 🔊12

① では、返品なさいますか、_____か。

② 大変申し訳ございませんが、レシートをお持ちでない場合の返品は

　_____ので。

場面 3 🔊13

① これですと4時間ぐらいまで_____。

② フォークは_____か。

場面 4 🔊14

① そのまま_____タイプですね。

② アレンジメント代として500円_____ので、5,500円になります。

食事
しょくじ

日本のレストランやファストフード店なども多くの敬語を使って
にほん   てん   おお   けいご つか
お客さんに話す習慣があります。店員の質問や依頼、料理の内容
きゃく はな しゅうかん   てんいん しつもん いらい りょうり ないよう
についての詳しい説明などを聞いて理解し、必要な情報を伝えら
くわ せつめい   き   りかい   ひつよう じょうほう つた
れるようになりましょう。

電話で予約する

店員からの依頼や質問を理解し、必要な情報を伝える。

聞く前に 食事をする店を急に予約したいときや、店に質問やお願いをしたいときは、インターネットではなく直接お店の人と話したいですね。そのようなときどのような会話をするか、考えてみましょう。

聞きましょう **1 内容を理解しよう** 🔊15

電話で、居酒屋の店員と客が話しています。

■■ 次の言葉を確認しましょう。

居酒屋　コース　飲み放題　万が一　〜料

■■ 音声を聞いて、全体の内容を理解しましょう。
① 店員は、客に何を聞きましたか。
② 店員が、客にお願いしたことは何ですか。

聞きましょう 2 敬語に注意して聞こう

■ 音声を聞いて、①～③の＿＿＿＿＿＿＿＿＿に敬語を使った表現を書きましょう。

その後、①～③の問1～問3に答えましょう。

問1 ＿＿＿＿＿＿＿＿で使われている敬語の種類をa～cから選びましょう。

問2 ＿＿＿＿＿＿＿＿の０形を書きましょう。

問3 文全体で伝えたいことは何ですか。a～cから選びましょう。

① 何時から①-1＿＿＿＿＿①-2＿＿＿＿＿＿＿＿＿＿＿＿＿か。

問1 ①-1 a.尊敬語 b.謙譲語 c.美化語

①-2 a.尊敬語 b.謙譲語 c.丁重語

問2 ①-1 ＿＿＿＿＿＿＿＿＿＿＿＿＿＿＿＿＿＿

①-2 ＿＿＿＿＿＿＿＿＿＿＿＿＿＿＿＿＿＿

問3 a.説明 b.確認 c.質問

② えー、それでしたら、お席＿＿＿＿＿＿＿＿＿が。

問1 a.尊敬語 b.謙譲語 c.美化語

問2 ＿＿＿＿＿＿＿＿＿＿＿＿＿＿＿＿＿＿＿

問3 a.説明 b.確認 c.質問

③ キャンセル料は、10名様までは③-1＿＿＿＿＿＿＿＿＿が、お料理とお席を
③-2＿＿＿＿＿＿＿＿＿＿＿＿＿ので、キャンセルの場合は、できるだけ早く
③-3＿＿＿＿＿＿＿＿＿か。

問1 ③-1 a.尊敬語 b.謙譲語＋丁重語

③-2 a.尊敬語 b.謙譲語＋丁重語

③-3 a.尊敬語 b.謙譲語 c.丁重語

問2 ③-1 ＿＿＿＿＿＿＿＿＿＿＿＿＿＿＿＿＿＿

③-2 ＿＿＿＿＿＿＿＿＿＿＿＿＿＿＿＿＿＿

③-3 ＿＿＿＿＿＿＿＿＿＿＿＿＿＿＿＿＿＿

問3 a.申し出 b.お願い c.質問

■■ スクリプトを見ながら聞いて、場面と敬語を確認しましょう。

店員：お電話ありがとうございます。居酒屋トーキョーでございます。

客　：すみません、あのう、あさってなんですが、まだ予約できますか。ネットでもう予約できなかったんで。

店員：あ、はい。19日ですね。①何時から何名様でいらっしゃいますか。

客　：えっと、6時から5名なんですが……。

店員：6時から5名様ですね。②えー、それでしたら、お席ご用意できますが。

客　：あ、よかった。

店員：お料理は、コースになさいますか。

客　：はい、ネットにあった3,000円のコースでお願いします。

店員：かしこまりました。「飲み放題」になさいますか。プラス1,200円になりますが。

客　：お酒は、飲まない人もいるので、飲み放題なしでお願いします。

店員：はい、かしこまりました。では、お名前とお電話番号をいただけますか。

客　：はい、グエンと申します。電話番号は090の0012の3456です。

店員：090の0012の3456のグエンさまですね。

客　：はい。あ、万が一都合が悪くなった場合のキャンセル料は？

店員：③キャンセル料は、10名様まではいただいておりませんが、お料理とお席をご用意しておりますので、キャンセルの場合は、できるだけ早くご連絡いただけますか。

客　：はい、わかりました。

店員：では、19日の6時からお待ちしております。

客　：お願いします。

聞きましょう 1 内容を理解しよう の答え

①時間と人数、料理と飲み物の内容、名前、電話番号です。
②キャンセルする場合にはできるだけ早く連絡することです。

解　説

① 何時から^{①−1} 何名様^{①−2}でいらっしゃいますか。

【敬語の種類】　　①−1　　尊敬語　～名様

　　　　　　　　　①−2　　尊敬語　〈N〉でいらっしゃる

【伝えたいこと】〈質問〉　何時から^{①−1}何人^{①−2}ですか。

　　客は、予約するのが何時に何人なのか具体的に答えます。このとき、「〇名様です」ではなく、「〇人（〇名）です」と答えればいいです。①−2の「でいらっしゃる」は「です」の意味です。「いらっしゃる」は動詞「来る」の尊敬語として使われることもありますが、その場合は「何人で来ますか」の意味になります。

② えー、それでしたら、お席ご用意できますが。

【敬語の種類】　謙譲語　ご〈VN〉する＋可能

【伝えたいこと】〈説明〉　それなら、席を用意できますが。

　　店員が、客の希望する時間と人数で予約できることを知らせています。

③ キャンセル料は、10名様までは^{③−1}いただいておりませんが、お料理とお席を
　^{③−2}ご用意しておりますので、キャンセルの場合は、できるだけ早く
　^{③−3}ご連絡いただけますか。

【敬語の種類】　　③−1　　謙譲語＋丁重語　＊いただく＋〈Vて形〉おります＋否定

　　　　　　　　　③−2　　謙譲語＋丁重語　ご〈VN〉する＋〈Vて形〉おります

　　　　　　　　　③−3　　謙譲語　ご〈VN〉いただく＋可能

【伝えたいこと】〈お願い〉　キャンセル料は10人までは^{③−1}もらっていませんが、料理と席を^{③−2}用意しているので、キャンセルの場合は、できるだけ早く^{③−3}連絡してもらえますか（＝連絡してください）。

　　長い文ですが、伝えたいことはキャンセルする場合は、できるだけ早く連絡してほしいということで、その理由もあわせて説明しています。客にお願いをしているので、客が不快にならないように配慮したお願いの表現を使っています。

ファミレスで注文する

── 学習目標 ──

レストランの店員の説明を聞き、
店内にある物の使い方やサービスの受け方を理解する。

聞く前に レストランでメニューの説明を聞いたり料理を注文したりするとき、店の人はどのような言葉を使っているか考えてみましょう。説明を聞いて客がすることも考えてみましょう。

聞きましょう 1 内容を理解しよう 🔊 16

ファミリーレストランで、店員と客が話しています。

■ 次の言葉を確認しましょう。

> ボタン　ドリンクバー　おしぼり　お冷や　カウンター

■ 音声を聞いて、全体の内容を理解しましょう。
① 今日のランチセットのAランチ、Bランチは何ですか。
② ランチセットにドリンクバーを付けた客は何人でしたか。

聞きましょう 2 敬語に注意して聞こう ◀)) 16

■ 音声を聞いて、①〜③の_____に敬語を使った表現を書きましょう。

その後、①〜③の 問1 〜 問3 に答えましょう。

問1 _____で使われている敬語の種類を a 〜 c から選びましょう。

問2 _____の0形を書きましょう。

問3 文全体で伝えたいことは何ですか。a 〜 c から選びましょう。

① ご注文が ^{①-1}_____、そちらのボタンで

①-2 _____。

問1 ①-1 a.尊敬語 b.謙譲語 c.丁重語

①-2 a.尊敬語 b.謙譲語 c.丁重語

問2 ①-1 _____

①-2 _____

問3 a.説明 b.お願い c.質問

② ランチをご注文のお客様は、^{②-1}_____スープを

②-2 _____。

問1 ②-1 a.尊敬語 b.謙譲語 c.丁重語

②-2 a.尊敬語 b.尊敬語・謙譲語 c.謙譲語

問2 ②-1 _____

②-2 _____

問3 a.説明 b.お願い c.質問

③ おしぼり、お冷やはあちらのカウンターにございますので、^{③-1}_____

③-2 _____。

問1 ③-1 a.尊敬語 b.謙譲語 c.丁重語

③-2 a.尊敬語 b.謙譲語 c.丁重語

問2 ③-1 _____

③-2 _____

問3 a.説明 b.お願い c.質問

■ スクリプトを見ながら聞いて、場面と敬語を確認しましょう。

店員：いらっしゃいませ。何名様ですか。

客１：２名です。

店員：かしこまりました。２名様、お席にご案内いたします。こちらのお席にどうぞ。

こちらがメニューでございます。

客１：今日のランチセットは何ですか。

店員：Aランチはハンバーグセット、Bランチはパスタセットです。①ご注文がお決まりになりましたら、そちらのボタンでお知らせください。

＊＊＊

客　：（ボタンを押す）

店員：お待たせいたしました。ご注文をお伺いいたします。

客１：私はAランチ、ドリンクバーを付けてください。

客２：私はBランチ、ドリンクバーはいりません。

店員：かしこまりました。Aランチおひとつ、ドリンクバー付きと、Bランチおひとつですね。ドリンクバーをご注文のお客様はあちらのドリンクバーコーナーをご自由にお使いください。②ランチをご注文のお客様は、皆様スープをお召し上がりいただけます。③おしぼり、お冷やはあちらのカウンターにございますので、ご自由にお取りください。

＊＊＊

店員：お待たせいたしました。お料理をお持ちしました。ごゆっくりお召し上がりください。

聞きましょう 1 内容を理解しよう の答え

①Aはハンバーグセット、Bはパスタセットです。
②１人です。

解説

① ご注文が^{①-1}お決まりになりましたら、そちらのボタンで^{①-2}お知らせください。

【敬語の種類】　①−1　**尊敬語**　お〈Vます形〉になる

　　　　　　　　①−2　**尊敬語**　お〈Vます形〉ください

【伝えたいこと】〈お願い〉　注文する品が^{①-1}決まったら、そのボタンで^{①-2}知らせてください。

　店員は「(客が) お決めになりましたら」と客の動作を直接的に言うのを避けて、「(注文する品が) お決まりになりましたら」のように「決まる」と自動詞を使って表現することで丁寧にしています。

② ランチをご注文のお客様は、^{②-1}皆様スープを^{②-2}お召し上がりいただけます。

【敬語の種類】　②−1　**尊敬語**　皆様

　　　　　　　　②−2　**尊敬語・謙譲語**　＊召し上がる・お〈Vます形〉いただく＋可能

【伝えたいこと】〈説明〉　ランチを注文したお客さんは、^{②-1}みなさんスープを^{②-2}飲んでもらえます (＝飲めます)。

　②−2は、尊敬語と謙譲語が同時に使われています。「召し上がる」は「食べる／飲む」の尊敬語で、「お〈Vます形〉いただく」は高くしたい人の動作を自分側から表現するので謙譲語です。伝えたいことは「飲める」で、この「いただく」はほとんど意味がなく、とても丁寧に表現しています。

③ おしぼり、お冷やはあちらのカウンターにございますので、^{③-1}ご自由に^{③-2}お取りください。

【敬語の種類】　③−1　**尊敬語**　ご〈副詞〉

　　　　　　　　③−2　**尊敬語**　お〈Vます形〉ください

【伝えたいこと】〈説明〉　おしぼり、お冷や (＝水) はあそこのカウンターにあるので、^{③-1}自由に^{③-2}取ってください (＝自由に取ってもいいです、取ることができます)。

　おしぼりと水がある場所と、それを自由に取ってもいいことを伝えています。「ご自由に」は「自由に」という副詞に「ご」がついています。

カフェで注文する

カフェで店員の説明や質問を理解し、必要な情報を伝えたり、確認したりする。

聞く前に みなさんの国にもカフェがあると思います。カフェで注文するとき、どのような会話をするか考えてみましょう。

聞きましょう 1 内容を理解しよう 🔊17

カフェのカウンターで、店員と客が話しています。

■■ 次の言葉を確認しましょう。

店内　お一人様　ソファー席　テーブル席　ショート（サイズ）
トール（サイズ）　見本　マグカップ

■■ 音声を聞いて、全体の内容を理解しましょう。
① 客は、どの席に座りますか。
② 客は、どのサイズのどのような飲み物を注文しましたか。

聞きましょう 2 敬語に注意して聞こう ◀)) 17

■ 音声を聞いて、①〜④の_____に敬語を使った表現を書きましょう。
その後、①〜④の問1〜問3に答えましょう。

問1 _____で使われている敬語の種類をa〜cから選びましょう。

問2 _____の０形を書きましょう。

問3 文全体で伝えたいことは何ですか。a〜cから選びましょう。

① そちらにサイズの見本(みほん)がございますので、_____。

問1 a.尊敬語(そんけいご)　b.謙譲語(けんじょうご)　c.丁重語(ていちょうご)

問2 _____

問3 a.お願い(ねが)　b.説明(せつめい)　c.質問(しつもん)

② マグカップで_____が、よろしいですか。

問1 a.尊敬語　b.謙譲語　c.丁重語

問2 _____

問3 a.お願い　b.説明　c.確認(かくにん)

③ はい、(そちらのカードは)_____よ。

問1 a.尊敬語　b.謙譲語　c.丁重語

問2 _____

問3 a.お願い　b.説明　c.質問

④ トールサイズ、ホットカフェラテ１点(てん)で ④-1 _____ ④-2 _____。

問1 ④-1　a.尊敬語　b.謙譲語　c.丁重語

　　④-2　a.尊敬語　b.謙譲語　c.丁重語

問2 ④-1 _____

　　④-2 _____

問3 a.お願い　b.説明　c.質問

■■ スクリプトを見ながら聞いて、場面と敬語を確認しましょう。

店員：こんにちは。店内をご利用ですか。

客　：あ、はい。

店員：よろしかったら、先にお席をお決めください。お一人様ですか。

客　：はい。どこでもいいですか。

店員：申し訳ございませんが、お一人様の場合、ソファー席以外でお願いいたします。

客　：じゃあ、テーブル席ですね。

＊＊＊

店員：ご注文は、お決まりでしょうか。

客　：ホットカフェラテのショートをください。あ、トールってどのぐらいのサイズで
　　　すか。

店員：①そちらにサイズの見本がございますので、ご覧ください。

客　：じゃあ、ショートじゃなくて、トールサイズでお願いします。

店員：②マグカップでお作りしますが、よろしいですか。

客　：あ、はい、お願いします。

店員：かしこまりました。お会計は４７０円です。

客　：あの、このカードは使えますか。

店員：③はい、お使いになれますよ。では、カードをこちらの上に置いてください。
　　　４７０円お引きしました。レシートです。お飲み物はあちらのカウンターからお
　　　出しします。

　　　＊＊＊

店員：④トールサイズ、ホットカフェラテ１点でお待ちのお客様。

客　：はい。

店員：お待たせいたしました。お砂糖などは後ろのカウンターにございます。

聞きましょう 1 内容を理解しよう の答え

①テーブル席に座ります。

②トールサイズのホットカフェラテを注文しました。

解説

① そちらにサイズの見本がございますので、ご覧ください。

【敬語の種類】 尊敬語 ＊ご覧くださる

【伝えたいこと】〈お願い〉そこにサイズの見本があるので、（見本を）見てください。

「見る」を尊敬語にする場合、「ご覧になる」や「ご覧くださる」のように「ご覧」の形を使います。

② マグカップでお作りしますが、よろしいですか。

【敬語の種類】 謙譲語 お〈Vます形〉する

【伝えたいこと】〈確認〉 （飲み物を）マグカップに入れて作りますが（＝作って提供しますが）、（それで）いいですか。

カフェでよく使われている表現です。客は、店員に確認されたことに「はい、お願いします」か「すみません、（ほかの入れ物の名前）でお願いします」と答えます。

③ はい、（そちらのカードは）お使いになれますよ。

【敬語の種類】 尊敬語 お〈Vます形〉になる＋可能

【伝えたいこと】〈説明〉 はい、（そのカードは）使えますよ。

客ができることを店員が尊敬語を使って説明しています。

④ トールサイズ、ホットカフェラテ１点で④-1お待ちの④-2お客様。

【敬語の種類】 ④-1 尊敬語 お〈Vます形〉だ

④-2 尊敬語 お〈N〉様

【伝えたいこと】〈お願い〉 トールサイズ、ホットカフェラテ１点を④-1待っている④-2お客さん（は、取りに来てください）。

ホットカフェラテを待っている客は、呼ばれたところへ取りに行きます。「お待ちの」は、尊敬語「お待ちだ」が名詞（お客様）の前にくる形です。「～のお客様」と呼びかけているので、呼ばれた客はカウンターに行ったり、手を上げて自分であることを知らせたりします。呼びかけることで客に何かしてほしいと「お願い」することになります。

レストランで 料理の説明を聞く

料理の食べ方や作り方について店員の説明を聞き、
理解する。

聞く前に レストランではお勧めの料理について店員に聞くことがあります。
料理の説明にはどのような表現が使われているか考えてみましょう。

聞きましょう 1 内容を理解しよう ◀)) 18

レストランで、店員と客が話しています。

■■ 次の言葉を確認しましょう。

秋鮭　グリル　表面　カリッと　しっとりと　食感　神戸牛
〜産　仔牛　煮詰める　うまみ　閉じ込める　濃厚な

■■ 音声を聞いて、全体の内容を理解しましょう。
① 店員のお勧めの料理二つは何と何ですか。
② 今日のスープは何ですか。

聞きましょう 2 敬語に注意して聞こう 🔊 18

■ 音声を聞いて、①～④の＿＿＿＿＿＿＿＿に敬語を使った表現を書きましょう。
その後、①～④の 問1 ～ 問3 に答えましょう。

問1 ＿＿＿＿＿＿＿＿で使われている敬語の種類をa～cから選びましょう。

問2 ＿＿＿＿＿＿＿＿の０形を書きましょう。

問3 文全体で伝えたいことは何ですか。a～cから選びましょう。

① 何か＿＿＿＿＿＿＿＿＿＿＿＿＿＿か。

問1 a. 尊敬語 b. 謙譲語 c. 丁重語

問2 ＿＿＿＿＿＿＿＿＿＿＿＿＿＿＿＿＿＿

問3 a. 申し出 b. 説明 c. お願い

② ２種類の食感を＿＿＿＿＿＿＿＿＿＿＿＿。

問1 a. 尊敬語 b. 謙譲語 c. 丁重語

問2 ＿＿＿＿＿＿＿＿＿＿＿＿＿＿＿＿＿＿

問3 a. お願い b. 説明 c. 質問

③ お肉でしたら神戸牛のステーキを＿＿＿＿＿＿＿＿＿＿。

問1 a. 尊敬語 b. 謙譲語＋丁重語 c. 丁重語

問2 ＿＿＿＿＿＿＿＿＿＿＿＿＿＿＿＿＿＿

問3 a. お願い b. 説明 c. 申し出

④ 最高のうまみを＿＿＿＿＿＿＿＿＿＿＿＿＿。

問1 a. 尊敬語 b. 謙譲語 c. 丁重語

問2 ＿＿＿＿＿＿＿＿＿＿＿＿＿＿＿＿＿＿

問3 a. お願い b. 説明 c. 質問

■■ スクリプトを見ながら聞いて、場面と敬語を確認しましょう。

店員：①何かお困りでしょうか。

客　：そうですね……。ちょっと、メニューを見てもよくわからないもので……。今日のお勧めは何ですか。

店員：はい。本日はこちらの秋鮭のグリルがお勧めです。新鮮な秋鮭の表面はカリッと、中身はしっとりとしていて、②２種類の食感をお楽しみいただけます。野菜と一緒にバターソースでおいしくお召し上がりいただけます。

客　：そうですか……。おいしそうですね。えーと、肉料理では何かお勧めがありますか。

店員：はい、③お肉でしたら神戸牛のステーキをご用意しております。神戸産のやわらかい仔牛の肉です。ソースに使っております赤ワインはフランス産で、丁寧にいためた野菜を一緒に煮詰めることで④最高のうまみを閉じ込めております。

客　：それはおいしそうですね。それでは、そのステーキをお願いします。

店員：はい、かしこまりました。そのほかにスープや前菜はいかがでしょうか。

客　：そうですね。スープはどんなものがありますか。

店員：本日のスープはコーンポタージュをご用意しました。北海道産のトウモロコシをたっぷりと使った濃厚なスープです。

客　：じゃ、それをお願いします。それからパンを付けてください。

店員：かしこまりました。では、少々お待ちください。

聞きましょう 1 内容を理解しよう の答え

①秋鮭のグリルと神戸牛のステーキです。　②コーンポタージュです。

解 説

① 何かお困りでしょうか。

【敬語の種類】　尊敬語　お〈Vます形〉だ

【伝えたいこと】〈申し出〉　何か困っていますか（＝困っているなら手伝いましょうか）。

　「お困りでしょうか」は「お困りですか」よりさらに丁寧な形です。店員は客がメニューの内容や注文の方法、お手洗いの場所などがよくわからない様子でいるときに声をかけて、手伝うことを申し出ることがあります。客は困っていることがあれば、具体的に話します。特になければ、「大丈夫です」などと言います。

② 2種類の食感をお楽しみいただけます。

【敬語の種類】　謙譲語　お〈Vます形〉いただく＋可能

【伝えたいこと】〈説明〉　（この料理では）2種類の食感を楽しんでもらえます（＝楽しめます）。

　「楽しんでいただく」の「いただく」はほとんど恩恵の意味はありません。レストランで店員が客にその店の料理やサービスについて説明するときによく使われる表現です。客はこの説明を理解すればいいです。

③ お肉でしたら神戸牛のステーキをご用意しております。

【敬語の種類】　謙譲語＋丁重語　ご〈VN〉する＋〈Vて形〉おります

【伝えたいこと】〈説明〉　肉だったら、神戸牛のステーキを用意しています。

　店が客のために用意しているサービスについて説明するときは、丁重語がよく使われ、客に対するあらたまった気持ちを表して、丁寧さを伝えます。客は説明の内容を理解すればいいです。

④ 最高のうまみを閉じ込めております。

【敬語の種類】　丁重語　〈Vて形〉おります

【伝えたいこと】〈説明〉　最高のうまみを閉じ込めています。

　料理の説明をするときに、丁重語を使ってあらたまった気持ちを表して、丁寧さを伝えます。

チャレンジ問題

<ruby>音声<rt>おんせい</rt></ruby>を<ruby>聞<rt>き</rt></ruby>いて、_____に<ruby>敬語<rt>けいご</rt></ruby>を<ruby>使<rt>つか</rt></ruby>った<ruby>表現<rt>ひょうげん</rt></ruby>を<ruby>書<rt>か</rt></ruby>きましょう。

どのような<ruby>敬語<rt>けいご</rt></ruby>が<ruby>使<rt>つか</rt></ruby>われているか、<ruby>話<rt>はな</rt></ruby>している<ruby>人<rt>ひと</rt></ruby>がその<ruby>文全体<rt>ぶんぜんたい</rt></ruby>で<ruby>何<rt>なに</rt></ruby>を<ruby>伝<rt>つた</rt></ruby>えたいかも<ruby>考<rt>かんが</rt></ruby>えましょう。

場面1 🔊19

① <ruby>店<rt>みせ</rt></ruby>が<ruby>落<rt>お</rt></ruby>ち<ruby>着<rt>つ</rt></ruby>いたお<ruby>時間<rt>じかん</rt></ruby>ですと、タイミングよくお<ruby>席<rt>せき</rt></ruby>に_____など、ご<ruby>要望<rt>ようぼう</rt></ruby>にお<ruby>応<rt>こた</rt></ruby>えしやすくなると<ruby>思<rt>おも</rt></ruby>いますが……。

② お<ruby>花<rt>はな</rt></ruby>を_____のは、<ruby>当日<rt>とうじつ</rt></ruby>の3<ruby>時以降<rt>じいこう</rt></ruby>にお<ruby>願<rt>ねが</rt></ruby>いできますでしょうか。

場面2 🔊20

① こちらで<ruby>少々<rt>しょうしょう</rt></ruby>_____でしょうか。

② こちらに<ruby>暗証番号<rt>あんしょうばんごう</rt></ruby>を_____。

場面3 🔊21

（<ruby>客<rt>きゃく</rt></ruby>　：あの、このクーポンは<ruby>使<rt>つか</rt></ruby>えますか。）

① <ruby>店員<rt>てんいん</rt></ruby>：はい、（そちらのクーポンは）_____。

② では、バーコードを_____。

場面4 🔊22

① お<ruby>呼<rt>よ</rt></ruby>びしたときに<ruby>全員<rt>ぜんいん</rt></ruby>がいらっしゃらないとご<ruby>案内<rt>あんない</rt></ruby>できませんが、<ruby>皆様<rt>みなさま</rt></ruby>、_____か。

② そちらの<ruby>入<rt>い</rt></ruby>れ<ruby>物<rt>もの</rt></ruby>のガリは、お<ruby>好<rt>す</rt></ruby>きなだけ_____。

公共施設

市役所、図書館やコミュニティーセンター、地域のスポーツセンターなどでも、係の人は利用者に丁寧な言葉を使います。自分や自分以外の人に対する敬語を聞いて、説明を理解しましょう。そこから、自分が何をしたらいいかを考えましょう。

市役所で

学習目標

必要な手続きに関する説明を聞き、
理解する。

聞く前に 引っ越しをするときは、市役所などに行って必要な手続きをしなければなりません。市役所で手続きをするとき、どのような会話をするか考えてみましょう。

市民課
戸籍・住民票・マイナンバーカードの発行

聞きましょう **1 内容を理解しよう** 🔊 23

市役所で、職員とその市に引っ越してくる人（転入者）が話しています。

■ 次の言葉を確認しましょう。

手続き　転入　市民課　転出　証明書　市役所
～届　マイナンバーカード　在留カード

■ 音声を聞いて、全体の内容を理解しましょう。
① 転入者は、今度引っ越す先の市の市役所で「転入」手続きをする前に、どこで何をしなければなりませんか。
② 今度引っ越す市の市役所で「転入」手続きをするときに、外国人は何を持って行かなければなりませんか。

聞きましょう 2 敬語に注意して聞こう ◀)) 23

■■ 音声を聞いて、①〜④の_____に敬語を使った表現を書きましょう。
　その後、①〜④の(問1)〜(問3)に答えましょう。

(問1)　_____で使われている敬語の種類をa〜cから選びましょう。

(問2)　_____の０形を書きましょう。

(問3)　文全体で伝えたいことは何ですか。a〜cから選びましょう。

① 「転出証明書」は_____か。

(問1)　a.尊敬語　b.謙譲語　c.丁重語

(問2)　_____

(問3)　a.申し出　b.お願い　c.質問

② 今、もり市に_____ね。

(問1)　a.尊敬語　b.謙譲語　c.丁重語

(問2)　_____

(問3)　a.質問　b.説明　c.確認

③ もり市の市役所へいらっしゃって、「転出届」という書類を
_____、もり市役所から「転出証明書」をもらってください。

(問1)　a.尊敬語　b.謙譲語　c.丁重語

(問2)　_____

(問3)　a.お願い　b.申し出　c.確認

④ その「転出証明書」を_____、こちらで「転入届」を
お出しください。

(問1)　a.尊敬語　b.謙譲語　c.丁重語

(問2)　_____

(問3)　a.申し出　b.確認　c.お願い

■■ **スクリプトを見ながら聞いて、場面と敬語を確認しましょう。**

転入者：あのう、引っ越してくるときの手続きはこちらでよろしいですか。

職員　：「転入」ですね。こちら、市民課でお手続きできますよ。①「転出証明書」はお持ちですか。

転入者：あのう、来週、こちらの市に引っ越してくるんですが……。

職員　：あ、来週、引っ越していらっしゃるんですか。どちらからですか。

転入者：もり市からです。

職員　：②今、もり市にお住まいですね。

転入者：はい。

職員　：えー、では、まず、③もり市の市役所へいらっしゃって、「転出届」という書類をお出しになって、もり市役所から「転出証明書」をもらってください。

転入者：「転出証明書」ですね。

職員　：はい。そして、お引っ越しが終わってから2週間以内に、④その「転出証明書」をお持ちになって、こちらで「転入届」をお出しください。

転入者：あ、そうなんですね。わかりました。

職員　：あ、マイナンバーカードをお持ちの方は、別の手続き方法もございますが……。

転入者：えっ、マイナンバーカード？　持っていませんが……。

職員　：では、先ほどご案内した方法でお願いします。

転入者：あのう、私、留学生なんですが、こちらへ「転入届」を出すときには、「転出証明書」のほかに何がいりますか。

職員　：外国の方ですね。それでしたら「在留カード」もお持ちください。

転入者：わかりました。ありがとうございます。

┌─ **聞きましょう 1 内容を理解しよう の答え** ─
│ ①引っ越す前に住んでいるところ（もり市）の市役所で（「転出届」を出して）、「転出証明書」をもらいます。
│ ②「転出証明書」と「在留カード」です。
└─

解 説

① 「転出証明書」はお持ちですか。

【敬語の種類】 尊敬語　お〈Vます形〉だ

【伝えたいこと】〈質問〉　「転出証明書」は持っていますか。

　転入者は「はい」か「いいえ」のどちらかを答えます。この会話では、転入者はどう答えればいいかわからなかったので、自分の状況を説明しています。

② 今、もり市にお住まいですね。

【敬語の種類】 尊敬語　お〈Vます形〉だ

【伝えたいこと】〈確認〉　今、もり市に住んでいますね。

　転入者は「はい」など短い返事をします。「～にお住まいです」は、「住む」と同じ意味の「住まう」という動詞を尊敬語にして、転入者を高くしています。「お住まいです」は「住んでいます」の意味ですが、「住みます」の〈Vます形〉を使った「お住みです」という言い方はしません。

③ もり市の市役所へいらっしゃって、「転出届」という書類をお出しになって、もり市役所から「転出証明書」をもらってください。

【敬語の種類】 尊敬語　お〈Vます形〉になる

【伝えたいこと】〈お願い〉　もり市の市役所へ行って、「転出届」という書類を出して、もり市役所から「転出証明書」をもらってください。

　指示が理解できていれば「はい」や「わかりました」など、短く答えます。

④ その「転出証明書」をお持ちになって、こちらで「転入届」をお出しください。

【敬語の種類】 尊敬語　お〈Vます形〉になる

【伝えたいこと】〈お願い〉　その「転出証明書」を持って来て、ここで「転入届」を出してください。

　「お持ちになる」は「持って来る」「持って行く」の意味がありますが、ここでは、「こちらに持って来る」の意味です。

図書館で

図書館で、質問したことについて情報をもらい、理解する。

聞く前に 図書館で自分の読みたい本を探すとき、図書館員にどのように聞けばいいか、考えてみましょう。

聞きましょう **1 内容を理解しよう** 🔊 24

図書館の本棚の前で、図書館員と利用者が話しています。

■ 次の言葉を確認しましょう。

～向け　経済学　入門　タイトル　棚　ラベル　閲覧室

■ 音声を聞いて、全体の内容を理解しましょう。

① 大人向けの経済学の本の中で、やさしい本を探すには、どのような本を見るといいと図書館員は言っていますか。

② 閲覧室を使うとき、注意しなければならないことは何だと図書館員は言っていますか。

■ 音声を聞いて、①〜④の＿＿＿＿＿＿＿＿＿に敬語を使った表現を書きましょう。

　その後、①〜④の 問1 〜 問3 に答えましょう。

問1 ＿＿＿＿＿＿＿で使われている敬語の種類をa〜cから選びましょう。

問2 ＿＿＿＿＿＿＿の０形を書きましょう。

問3 文全体で伝えたいことは何ですか。a〜cから選びましょう。

① ぜひ、いろいろお手に取って＿＿＿＿＿＿＿＿＿＿＿＿みてください。

問1 a.尊敬語　b.謙譲語　c.丁重語

問2 ＿＿＿＿＿＿＿＿＿＿＿＿＿＿＿＿＿＿＿

問3 a.勧め　b.確認　c.説明

② そちらでしたら、ゆっくりと＿＿＿＿＿＿＿＿＿＿よ。

問1 a.尊敬語　b.謙譲語　c.丁重語

問2 ＿＿＿＿＿＿＿＿＿＿＿＿＿＿＿＿＿＿＿

問3 a.勧め　b.申し出　c.説明

③ そちらの部屋ではパソコンは③-1＿＿＿＿＿＿＿＿＿ので
　③-2＿＿＿＿＿＿＿＿＿＿＿。

問1 ③-1　a.尊敬語　b.謙譲語　c.丁重語

　　　③-2　a.尊敬語　b.謙譲語　c.丁重語

問2 ③-1 ＿＿＿＿＿＿＿＿＿＿＿＿＿＿＿＿＿

　　　③-2 ＿＿＿＿＿＿＿＿＿＿＿＿＿＿＿＿＿

問3 a.勧め　b.お願い　c.説明

④ どうぞ、＿＿＿＿＿＿＿＿＿＿＿。

問1 a.尊敬語　b.謙譲語　c.丁重語

問2 ＿＿＿＿＿＿＿＿＿＿＿＿＿＿＿＿＿＿＿

問3 a.あいさつ　b.お願い　c.説明

■■ スクリプトを見ながら聞いて、場面と敬語を確認しましょう。

利用者　　：すみません。中学生や高校生向けの経済学の本ってどちらにありますか。

図書館員：中学生、高校生向けの経済学の本ですか。小学生向けは、あちらの子ども図書室にございますが、中高生向けというのは、特に分けておりません。中高生向けでないといけませんか。

利用者　　：いえ、あのう、留学生なんですが、大学の図書館だと難しい専門書しかないので、区立図書館なら中高生向けのやさしい本があるかなと思ったんですが……。

図書館員：ああ、そういうことですか。大人の本でも『〜〜入門』とか『はじめての〜〜』などのタイトルがついているものなら、比較的読みやすいですよ。①ぜひ、いろいろお手に取ってご覧になってみてください。こちらの棚のラベル３３０から３３９が大人向けの経済の本ですので。

利用者　　：ありがとうございます。見てみます。

　　　　　　あのう、どこか、机があるところで、ゆっくり座って読むことはできますか。

図書館員：ええ、２階に「閲覧室」という部屋がございます。②そちらでしたら、ゆっくりとお読みいただけますよ。ただ、③そちらの部屋ではパソコンはご利用になれませんのでご注意ください。

利用者　　：わかりました。ありがとうございました。

図書館員：④どうぞ、ごゆっくり。

聞きましょう 1 内容を理解しよう の答え

①『〜〜入門』や『はじめての〜〜』などのタイトルがついている本です。

②パソコンを使わないようにすることです。

解説

① ぜひ、いろいろお手に取ってご覧になってみてください。

【敬語の種類】 尊敬語 ＊ご覧になる

【伝えたいこと】〈勧め〉 ぜひ、いろいろ手に取って見てみてください。

　利用者は、「はい」と言ったり、案内に対するお礼を言ったり、見てみようと思うことを伝えたりします。

② そちらでしたら、ゆっくりとお読みいただけますよ。

【敬語の種類】 謙譲語 お〈Vます形〉いただく＋可能

【伝えたいこと】〈説明〉 そこだったら、ゆっくりと（本を）読んでもらえます（＝読めます）よ。

　「読んでいただく」の「いただく」はほとんど恩恵の意味はありません。利用者は、うなずいたり、「わかりました」や「はい」と言ったりします。

③ そちらの部屋ではパソコンは③⁻¹ご利用になれませんので③⁻²ご注意ください。

【敬語の種類】 ③－１ 尊敬語 ご〈VN〉になる＋可能＋否定

　　　　　　　 ③－２ 尊敬語 ご〈VN〉ください

【伝えたいこと】〈お願い〉 その部屋ではパソコンは③⁻¹利用できないので③⁻²注意してください。

　相手を高くする表現を使うことで、「してはいけない」という強い禁止の意味を伝えながら、できるだけ失礼に感じさせないような工夫がされている表現です。利用者は、「わかりました」など、自分が理解したことを伝えます。

④ どうぞ、ごゆっくり。

【敬語の種類】 尊敬語 ご〈副詞〉

【伝えたいこと】〈あいさつ〉 どうぞ、ゆっくり（過ごしてください）。

　スタッフが、利用者と話し終わった後、最後に一言伝えることが多いです。利用者は、返事をする必要はないので、会釈するぐらいでいいです。

コミュニティーセンターで

学習目標

自分以外の人に対する敬語に注意しながら、
受付の人の説明を理解する。

聞く前に たいていの町には、地域の人々の交流の場として、市などが運営するコミュニティーセンター（コミュニティープラザなど）があります。コミュニティーセンターの受付ではどのようなことを話すのか、考えてみましょう。

聞きましょう 1 内容を理解しよう 🔊 25

コミュニティーセンターの受付で、受付の人と利用者が話しています。

■■ 次の言葉を確認しましょう。

楽しむ　サポート　目的　手伝い　集まる　申し込む

■■ 音声を聞いて、全体の内容を理解しましょう。
① 利用者は、どのような教室を探していますか。
② 利用者は、どの教室の見学を申し込みますか。

聞きましょう 2 敬語に注意して聞こう ◀))25

■■ 音声を聞いて、①～④の＿＿＿＿＿＿＿＿に敬語を使った表現を書きましょう。
その後、①～④の 問1 ～ 問4 に答えましょう。

問1 ＿＿＿＿＿＿＿＿で使われている敬語の種類をa～cから選びましょう。

問2 ＿＿＿＿＿＿＿＿の０形を書きましょう。

問3 文全体で伝えたいことは何ですか。a～cから選びましょう。

問4 誰を高くしていますか。a、bから選びましょう。

① (国際教室さくらでは) いろいろな国の言語で会話を＿＿＿＿＿＿＿＿＿よ。

問1 a.尊敬語　b.謙譲語　c.丁重語

問2 ＿＿＿＿＿＿＿＿＿＿＿＿＿＿＿＿

問3 a.申し出　b.確認　c.説明

問4 a.利用者 (見学を希望している人)　b.「国際教室さくら」の人

② ボランティアの方が外国から来た方の日本語のお手伝いを＿＿＿＿＿＿＿＿。

問1 a.尊敬語　b.謙譲語　c.丁重語

問2 ＿＿＿＿＿＿＿＿＿＿＿＿＿＿＿＿

問3 a.説明　b.確認　c.勧め

問4 a.ボランティアの人　b.外国から来た人

③ (「国際教室さくら」の) 見学を＿＿＿＿＿＿＿＿か。

問1 a.尊敬語　b.謙譲語　c.丁重語

問2 ＿＿＿＿＿＿＿＿＿＿＿＿＿＿＿＿

問3 a.勧め　b.お願い　c.質問

問4 a.利用者 (見学を希望している人)　b.「国際教室さくら」の人

(こちらの紙にお名前とお電話番号をお書きください。)

④ (「国際教室さくら」を) ＿＿＿＿＿＿＿＿方がいると伝えておきます。

問1 a.尊敬語　b.謙譲語　c.丁重語

問2 ＿＿＿＿＿＿＿＿＿＿＿＿＿＿＿＿

問3 a.説明　b.お願い　c.質問

問4 a.利用者 (見学を希望している人)　b.「国際教室さくら」の人

■■ スクリプトを見ながら聞いて、場面と敬語を確認しましょう。

利用者 :すみません。こちらのコミュニティーセンターではどんなことをしているんですか。

受付の人:いろいろありますが、お料理教室やパソコン教室などがありますよ。

利用者 :そうですか。あのう、私、日本語を勉強しているんですが、日本の方とお話ができる教室もありますか。

受付の人:はい。2つありますよ。ひとつは「国際教室さくら」で、週に2回、水曜日と金曜日の夜7時から8時まで、①いろいろな国の言語で会話を楽しまれていますよ。もうひとつは、日本語のサポートが目的の「日本語教室いろは」です。②ボランティアの方が外国から来た方の日本語のお手伝いをなさっています。週に1回、土曜日の午後に集まっていますよ。

利用者 :そうですか。「国際教室さくら」がおもしろそうですね。見学はできますか。

受付の人:はい。③見学を申し込まれますか。

利用者 :お願いします。

受付の人:では、こちらの紙にお名前とお電話番号をお書きください。④見学されたい方がいると伝えておきます。「国際教室さくら」の方からのご連絡をお待ちください。

利用者 :はい。わかりました。ありがとうございました。

聞きましょう 1 内容を理解しよう の 答え

①日本の人と話ができる教室を探しています。
②「国際教室さくら」の見学を申し込みます。

解説

① （「国際教室さくら」では）いろいろな国の言語で会話を楽しまれていますよ。

【敬語の種類】　尊敬語　Ｖ（ら）れる＋ている

【伝えたいこと】〈説明〉　（「国際教室さくら」では）いろいろな国の言語で会話を楽しんでいますよ。

　受付の人は、今利用者と話していますが、その場にはいない「国際教室さくら」の人（第三者）の様子について、尊敬語を使って説明しています。利用者は、受付の人の説明を聞いて、教室の様子を理解すればいいです。

② ボランティアの方が外国から来た方の日本語のお手伝いをなさっています。

【敬語の種類】　尊敬語　＊なさる＋ている

【伝えたいこと】〈説明〉　ボランティアの人が外国から来た人の日本語の手伝いをしています。

　受付の人は、尊敬語を使って、手伝っている人であるボランティアの人を高くしています。

③ （「国際教室さくら」の）見学を申し込まれますか。

【敬語の種類】　尊敬語　Ｖ（ら）れる

【伝えたいこと】〈質問〉　（「国際教室さくら」の）見学を申し込みますか。

　受付の人が見学を希望している利用者を高くしています。利用者は、「はい」か「いいえ」のどちらかを答えます。（「はい」の場合、自分のことなので「申し込まれます」ではなく、尊敬語は使わずに「申し込みます」と言います。）

④ （「国際教室さくら」を）見学されたい方がいると伝えておきます。

【敬語の種類】　尊敬語　Ｖ（ら）れる＋たい

【伝えたいこと】〈説明〉　（「国際教室さくら」を）見学したい人がいると（受付の人から「国際教室さくら」の人に）伝えておきます。

　受付の人が「国際教室さくら」の人に伝える内容を説明するときに、見学を希望している利用者を高くしています。利用者は、説明を聞いて理解すればいいですが、自分のためにしてくれる行動ですから、お礼を言うといいでしょう。

スポーツセンターで

スポーツセンターの使い方について
受付の人に説明してもらい、理解する。

聞く前に 多くの地域には、住民のためのスポーツ施設があります。室内で体を動かしたいとき、誰でも気軽に利用できます。どのようなことに注意して利用したらいいか、考えてみましょう。

聞きましょう 1 内容を理解しよう 🔊 26

地域のスポーツ教室の受付で、受付の人と利用者（利用希望者）が話しています。

■■ 次の言葉を確認しましょう。

利用料　会員登録　月会費　回数券　メリット　時間帯
すいている　平日　貴重品　更衣室　スタジオ

■■ 音声を聞いて、全体の内容を理解しましょう。
① ヨガ教室の利用料の支払い方にはどのような方法がありますか。
② スポーツセンターを利用するときは、貴重品は自分で持っていなければなりませんか。

■ 音声を聞いて、①〜④の_____に敬語を使った表現を書きましょう。

その後、①〜④の 問1 〜 問3 に答えましょう。

問1 _____で使われている敬語の種類をa〜cから選びましょう。

問2 _____の０形を書きましょう。

問3 文全体で伝えたいことは何ですか。a〜cから選びましょう。

① 会員登録をして月会費を_____方法があります。

問1 a.尊敬語 b.謙譲語 c.丁重語

問2 _____

問3 a.申し出 b.お願い c.説明

② 10回分の利用料で11回②-1 _____

回数券も②-2 _____。

問1 ②-1 a.尊敬語 b.謙譲語 c.美化語

②-2 a.尊敬語 b.謙譲語 c.美化語

問2 ②-1 _____

②-2 _____

問3 a.申し出 b.説明 c.質問

③ 会員登録するメリットは、会員の方だけの教室に_____ことで

すね。

問1 a.尊敬語 b.謙譲語 c.丁重語

問2 _____

問3 a.申し出 b.お願い c.説明

④ ただいま、案内の者を呼びますので、少々_____か。

問1 a.尊敬語 b.謙譲語 c.丁重語

問2 _____

問3 a.申し出 b.質問 c.お願い

■ **スクリプトを見ながら聞いて、場面と敬語を確認しましょう。**

利用者　：あのう、ヨガ教室の利用料について教えてもらえますか。

受付の人：はい。一回一回、利用料をお支払いいただく方法と、①会員登録をして月会費をお支払いいただく方法があります。そのほかに、②10回分の利用料で11回お使いいただける回数券もご用意しています。③会員登録するメリットは、会員の方だけの教室に参加していただけることですね。

利用者　：そうですか。ちょっと考えてみます。それと、こちらのスポーツセンターはどの時間帯がすいていますか。

受付の人：平日のお昼ですね。

利用者　：あ、そうですか。あのう、貴重品はみなさんどうされているんですか。

受付の人：更衣室に無料の貴重品ボックスがありますので、そちらのご利用をお勧めしています。

利用者　：なるほど。ヨガ教室のスタジオを見てみることはできますか。

受付の人：はい、もちろんです。④ただいま、案内の者を呼びますので、少々お待ちいただけますか。

利用者　：はい。

┌─── 聞きましょう **1 内容を理解しよう の答え** ───
│　①一回一回利用料を払う方法、会員登録をして月会費を払う方法、回数券を買う方法があります。
│　②いいえ。更衣室にある無料の貴重品ボックスを利用することができます。
└──────────────────────────

① 会員登録をして月会費をお支払いいただく方法があります。

【敬語の種類】 謙譲語 お〈Vます形〉いただく

【伝えたいこと】〈説明〉 会員登録をして月会費を支払ってもらう（＝支払う）方法が
あります。

　利用者は、受付の人の説明を聞いて、利用料の支払い方について理解すればいいです。

② 10回分の利用料で11回 ②−1 お使いいただける回数券も ②−2 ご用意しています。

【敬語の種類】 ②−1 謙譲語 お〈Vます形〉いただく＋可能

②−2 謙譲語 ご〈VN〉する＋ている

【伝えたいこと】〈説明〉 10回分の利用料で11回使ってもらえる（＝使える）回数券
も用意しています。

　「お使いいただける」の「いただく」はほとんど恩恵の意味はありません。利用者の
行動について、謙譲語を使って丁寧に説明しています。利用者は、受付の人が利用料
の支払い方として回数券も用意していることと、その使い方について理解すればいい
です。

③ 会員登録するメリットは、会員の方だけの教室に参加していただけることですね。

【敬語の種類】 謙譲語 〈Vて形〉いただく＋可能

【伝えたいこと】〈説明〉 会員登録するメリットは、会員の人だけの教室に参加して
もらえる（＝参加できる）ことですね。

　「参加していただける」の「いただく」はほとんど恩恵の意味はありません。受付の
人は会員登録のメリットについて説明しています。

④ ただいま、案内の者を呼びますので、少々お待ちいただけますか。

【敬語の種類】 謙譲語 お〈Vます形〉いただく＋可能

【伝えたいこと】〈お願い〉 今、案内の担当者を呼ぶので、少し待っていてもらえます
か（＝待っていてください）。

　相手に尋ねる形にすることで丁寧さを表しています。利用者は、待っていてほしい
とお願いされていることを理解して、その通りに待てばいいです。また、受付の人は、
案内の担当者を自分側の人として考えて、「人」ではなく「者」と表現しています。

チャレンジ問題

音声を聞いて、_____に敬語を使った表現を書きましょう。
どのような敬語が使われているか、話している人がその文全体で何を伝えたいかも考えましょう。

場面 1 🔊 **27**

① 留学生の方ですと、国民健康保険に_____よね。

② まず、現在_____の市で、「転出」のお手続きをするときに、国民健康保険についても一緒に手続きしてください。

場面 2 🔊 **28**

① このカードで、お一人10冊まで2週間_____。

② でも延長は1回しかできませんので、それでも読み終わらなかったら、一度

_____。

場面 3 🔊 **29**

① 音楽会に必要な楽器を_____際は、階段や壁に傷がつかないよう、十分お気をつけください。

② また、_____際には、利用報告書のご提出をお願いします。

場面 4 🔊 **30**

① こちらのスポーツセンターを_____方法としましては、団体利用と個人利用の2つがございます。

② ご利用時間や_____施設が違いますが、お客様は個人利用をご希望ですね。

生活
せいかつ

病院や薬局、美容院などでは、敬語を使いながら、商品の使い方
びょういん やっきょく びょういん けいご つか しょうひん つか かた
や受けられるサービスについて説明をしてくれます。自分の体に
う せつめい じぶん からだ
関わる情報も多いので、敬語を理解しながら、情報や指示をしっ
かか じょうほう おお けいご りかい じょうほう しじ
かり理解しましょう。
りかい

病院で

学習目標

病院で自分の体調を伝え、指示を理解する。

聞く前に 病院の受付や医者の診察では、敬語を使った質問や指示を聞いて、理解しなければなりません。受付ではどのような質問があると思いますか。また、医者は患者にどのような質問や指示をすると思いますか。

聞きましょう 1 内容を理解しよう ◀))31

病院の受付で、受付の人と患者が話しています。その後、診察室で医者と患者が話しています。

■ 次の言葉を確認しましょう。

（病院に）かかる　問診票　診察券　せき　アレルギー　鼻水　腫れ　深呼吸　受診

■ 音声を聞いて、全体の内容を理解しましょう。
① この患者はいつからどのように具合が悪くて病院へ来たのですか。
② 医者は、この患者に、どのような病気だと言いましたか。

聞きましょう 2 敬語に注意して聞こう 🔊 31

■■ 音声を聞いて、①〜⑤の＿＿＿＿＿＿＿＿に敬語を使った表現を書きましょう。
その後、①〜⑤の 問1 〜 問3 に答えましょう。

問1 ＿＿＿＿＿＿＿で使われている敬語の種類をa〜cから選びましょう。

問2 ＿＿＿＿＿＿＿の 0 形を書きましょう。

問3 文全体で伝えたいことは何ですか。a〜cから選びましょう。

① 今日はいかが＿＿＿＿＿＿＿＿か。
問1 a.尊敬語　b.謙譲語　c.丁重語
問2 ＿＿＿＿＿＿＿＿＿＿＿＿＿＿＿
問3 a.あいさつ　b.お願い　c.質問

② こちらに＿＿＿＿＿＿＿のは初めてですか。
問1 a.尊敬語　b.謙譲語　c.丁重語
問2 ＿＿＿＿＿＿＿＿＿＿＿＿＿＿＿
問3 a.あいさつ　b.お願い　c.質問

③ 問診票に＿＿＿＿＿＿＿＿。
問1 a.尊敬語　b.謙譲語　c.丁重語
問2 ＿＿＿＿＿＿＿＿＿＿＿＿＿＿＿
問3 a.あいさつ　b.お願い　c.質問

④ (問診票を) お書きになったらこちらへ＿＿＿＿＿＿＿。
問1 a.尊敬語　b.謙譲語　c.丁重語
問2 ＿＿＿＿＿＿＿＿＿＿＿＿＿＿＿
問3 a.あいさつ　b.お願い　c.質問

(それではのどを拝見します。)
⑤ ＿＿＿＿を開けてください。
問1 a.尊敬語　b.美化語　c.丁重語
問2 ＿＿＿＿＿＿＿＿＿＿＿＿＿＿＿
問3 a.あいさつ　b.お願い　c.質問

■■ **スクリプトを見ながら聞いて、場面と敬語を確認しましょう。**

〈病院の受付で受付の人と患者が話しています。〉

受付の人：おはようございます。①今日はいかがなさいましたか。

患者　　：はい、昨夜からのどが痛くて……。

受付の人：②こちらにかかられるのは初めてですか。

患者　　：はい、そうです。

受付の人：では、まず③問診票にご記入ください。④お書きになったらこちらへお出し
　　　　　ください。診察券をお作りしますが、保険証はお持ちですか。

患者　　：はい、あります。（保険証を出して）お願いします。

〈診察室で医者と患者が話しています。〉

医者：マリアさん、どうぞお入りください。

患者：はい。失礼します。

医者：マリアさんですね。私は担当する佐藤です。今日はどうされましたか。

患者：はい、昨夜からのどが痛くてせきが出るんです。

医者：これまでに何か大きな病気をしたことや、食べ物やお薬のアレルギーはありま
　　　すか。

患者：ありません。

医者：せきのほかに鼻水は出ますか。

患者：はい。鼻水も出ます。

医者：はい、それではのどを拝見します。⑤お口を開けてください。ああ、少しのどに
　　　腫れがありますね。胸の音を聴きますので、胸を開いてください。深呼吸してく
　　　ださい。胸の音は大丈夫ですね。軽い風邪だと思います。3日分のお薬を出して
　　　おきます。それでも良くならなければ、また受診してください。どうぞお大事に
　　　してください。

患者：はい、ありがとうございます。失礼します。

┌─ 聞きましょう **1 内容を理解しよう** の答え ─

①前の晩からのどが痛くて病院に来ました。
②軽い風邪だと言いました。

解説

① 今日はいかがなさいましたか。

【敬語の種類】 尊敬語　＊なさる

【伝えたいこと】〈質問〉　今日はどうしましたか。（＝どのように具合が悪いですか。）
　受付の人は「いかが」と「なさいましたか」を使って丁寧に質問しています。一方、医者は、伝えたいことは同じですが、「どう」と「されましたか」を使って質問しています。意味の違いはありませんが、「どう」より「いかが」のほうが、また、「される」より「なさる」のほうが丁寧です。

② こちらにかかられるのは初めてですか。

【敬語の種類】 尊敬語　V（ら）れる

【伝えたいこと】〈質問〉　この病院にかかるのは初めてですか。
　「かかる」を尊敬語にして患者を高くしています。

③ 問診票にご記入ください。
④ （問診票を）お書きになったらこちらへお出しください。

【敬語の種類】　③　尊敬語　ご〈VN〉ください
　　　　　　　　　④　尊敬語　お〈Vます形〉ください

【伝えたいこと】〈お願い〉　③　問診票に記入してください。
　　　　　　　　〈お願い〉　④　（問診票を）書いたらここへ出してください。
　受付の人は、患者にしてほしいことを、尊敬語を使ってお願いしています。

⑤ お口を開けてください。

【敬語の種類】 尊敬語　お〈N〉

【伝えたいこと】〈お願い〉　口を開けてください。
　患者の「口」なので、「お〈N〉」という尊敬語を使って丁寧に表現しています。

薬局で

薬局で薬剤師の質問や説明を
理解する。

聞く前に　薬局で薬を買うときは、薬剤師に体調を説明し、薬を選んでもらうといいでしょう。薬剤師はどのような質問をすると思いますか。

聞きましょう　1 内容を理解しよう　◀)) 32

薬局のカウンターで、薬剤師と客が話しています。

■■ 次の言葉を確認しましょう。

頭痛薬　症状　目の疲れ　効く　カプセル　割引券　ポイントカード

■■ 音声を聞いて、全体の内容を理解しましょう。
① 客はどのような症状ですか。
② 客は、いつ、どのぐらい薬を飲みますか。

聞きましょう 2 敬語に注意して聞こう 🔊32

■ 音声を聞いて、①〜④の＿＿＿＿＿＿＿＿＿＿に敬語を使った表現を書きましょう。
その後、①〜④の 問1 〜 問3 に答えましょう。

問1 ＿＿＿＿＿＿＿＿＿で使われている敬語の種類をa〜cから選びましょう。

問2 ＿＿＿＿＿＿＿＿＿の０形を書きましょう。

問3 文全体で伝えたいことは何ですか。a〜cから選びましょう。

① ＿＿＿＿＿の方_{かた}、どうぞ。

問1 a.尊敬語_{そんけいご}　b.謙譲語_{けんじょうご}　c.美化語_{びかご}

問2 ＿＿＿＿＿＿＿＿＿＿＿＿＿＿＿＿＿＿＿

問3 a.あいさつ　b.お願い_{ねが}　c.質問_{しつもん}

② パソコンを使う_{つか}^{②−1}＿＿＿＿＿＿を^{②−2}＿＿＿＿＿＿＿＿＿＿＿か。

問1 ②−1　a.尊敬語　b.謙譲語　c.丁重語_{ていちょうご}

②−2　a.尊敬語　b.謙譲語　c.丁重語

問2 ②−1 ＿＿＿＿＿＿＿＿＿＿＿＿＿＿＿

②−2 ＿＿＿＿＿＿＿＿＿＿＿＿＿＿＿

問3 a.あいさつ　b.お願い　c.質問

③ いつも^{③−1}＿＿＿＿＿＿＿＿＿頭痛薬が_{ずつうやく}^{③−2}＿＿＿＿＿＿＿＿＿か。

問1 ③−1　a.尊敬語　b.謙譲語　c.丁重語

③−2　a.尊敬語　b.謙譲語　c.丁重語

問2 ③−1 ＿＿＿＿＿＿＿＿＿＿＿＿＿＿＿

③−2 ＿＿＿＿＿＿＿＿＿＿＿＿＿＿＿

問3 a.あいさつ　b.お願い　c.質問

（ありがとうございました。）

④ ＿＿＿＿＿＿。

問1 a.尊敬語　b.美化語　c.丁重語

問2 ＿＿＿＿＿＿＿＿＿＿＿＿＿＿＿

問3 a.あいさつ　b.お願い　c.質問

■ スクリプトを見ながら聞いて、場面と敬語を確認しましょう。

薬剤師：①お次の方、どうぞ。

客　　：あの、頭痛薬がほしいんですが。

薬剤師：どのような症状ですか。

客　　：昨日からずっと頭が痛いんです。

薬剤師：そうですか。②パソコンを使うお仕事をしていらっしゃいますか。

客　　：ええ、そうなんです。だから、夕方になると目も疲れてきて……。

薬剤師：そうですか。あの、③いつもお飲みになっている頭痛薬がおありでしょうか。

客　　：いえ、特にありませんけど。

薬剤師：それなら、頭痛だけではなく、目の疲れにも効く、こちらのお薬がお勧めです。

客　　：じゃ、それをお願いします。

薬剤師：12カプセルと24カプセルがありますが、どちらになさいますか。

客　　：えーと、12カプセルの方をお願いします。

薬剤師：はい、朝と夜、食後に2カプセルずつお飲みください。1,200円です。割引券をお持ちでしょうか。

客　　：あ、はい。これですね。

薬剤師：はい、では、割引券で10％お引きして、1,080円になります。あ、ポイントカードはお持ちですか。

客　　：はい、あります。現金でお願いします。

薬剤師：1,080円ちょうどいただきます。ポイントカードとレシートをお返しします。こちらがお薬です。ありがとうございました。④お大事に。

聞きましょう 1 内容を理解しよう の答え

①昨日からずっと頭が痛いです。
②朝と夜の食後に2カプセルずつ飲みます。

解説

① お次の方、どうぞ。

【敬語の種類】　尊敬語　お〈N〉

【伝えたいこと】〈お願い〉　次の（順番で待っている）お客さんは、どうぞ（ここへ来
てください）。

　「お次」は、「次」に尊敬語の「お」をつけています。順番を待っている客に対して、
「次の人は、ここ（薬剤師のところ）へ来てください」とお願いしています。

② パソコンを使う②-1 お仕事を②-2 していらっしゃいますか。

【敬語の種類】　②-1　尊敬語　お〈N〉

　　　　　　　②-2　尊敬語　〈Vて形〉いらっしゃる

【伝えたいこと】〈質問〉　パソコンを使う②-1仕事を②-2していますか。

　薬剤師は、客の仕事について、尊敬語を使って丁寧に質問しています。

③ いつも③-1 お飲みになっている頭痛薬が③-2 おありでしょうか。

【敬語の種類】　③-1　尊敬語　お〈Vます形〉になる＋ている

　　　　　　　③-2　尊敬語　お〈Vます形〉だ

【伝えたいこと】〈質問〉　いつも③-1飲んでいる頭痛薬が③-2ありますか。

　薬剤師は客に対して、尊敬語を使うほか、「ですか」より丁寧な質問表現「でしょう
か」を使っています。

④ お大事に（なさってください）。

【敬語の種類】　尊敬語　お〈副詞〉

【伝えたいこと】〈あいさつ〉　（早く治るように）体を大事にしてください（＝早く治
るといいですね）。

　「（お体を）お大事に（なさってください）」は、病気の人に対して、「早く治ってほし
い」という気持ちを伝えるあいさつ表現です。

美容院で

美容院で要望を伝えたり、指示を理解したりする。

聞く前に 美容院で髪を切るとき、店に入ったらまず受付をします。受付ではどのようなことを聞かれるでしょうか。また、美容師にどのようなことを聞かれると思いますか。

聞きましょう 1 内容を理解しよう 🔊 33

美容院で、客が受付の人や美容師と話しています。

■■ 次の言葉を確認しましょう。

> シャンプー　カット　預かる　貴重品　ロッカー　担当
> 髪型　合わせる　前髪　流す　シャンプー台　かゆい

■■ 音声を聞いて、全体の内容を理解しましょう。

① 受付で、何を聞かれましたか。
② 美容師に、何について相談しましたか。

聞きましょう 2 敬語に注意して聞こう 🔊33

■ 音声を聞いて、①～④の_____に敬語を使った表現を書きましょう。
その後、①～④の(問1)～(問3)に答えましょう。

(問1) _____で使われている敬語の種類をa～cから選びましょう。

(問2) _____の 0 形を書きましょう。

(問3) 文全体で伝えたいことは何ですか。a～cから選びましょう。

① 本日、_____田中です。
(問1) a.尊敬語　b.謙譲語　c.丁重語
(問2) _____
(問3) a.あいさつ　b.お願い　c.質問

② 今日はどう_____か。
(問1) a.尊敬語　b.謙譲語　c.丁重語
(問2) _____
(問3) a.あいさつ　b.お願い　c.質問

③ 短い髪も_____と思いますよ。
(問1) a.尊敬語　b.謙譲語　c.丁重語
(問2) _____
(問3) a.あいさつ　b.説明　c.質問

〈シャンプー台で、客が美容師に髪を洗ってもらっています。〉
④ ④-1 _____ところは ④-2 _____か。
(問1) ④-1　a.尊敬語　b.謙譲語　c.丁重語
　　　④-2　a.尊敬語　b.謙譲語　c.丁重語
(問2) ④-1 _____
　　　④-2 _____
(問3) a.あいさつ　b.お願い　c.質問

111

■■ **スクリプトを見ながら聞いて、場面と敬語を確認しましょう。**

〈美容院の受付で、美容院の受付の人と客が話しています。〉

客　　　：あの、11時に予約したワンと申します。

受付の人：ワンさんですね、お待ちしておりました。ご予約通り、今日はシャンプーと
　　　　　カットでよろしかったでしょうか。

客　　　：はい。

受付の人：上着をお預かりしますね。

客　　　：はい。

受付の人：貴重品はこちらのロッカーをお使いください。

客　　　：はい……、えっと、スマホは持っててもいいですか。

受付の人：はい、結構です。では、こちらへどうぞ。

〈美容師と客が話しています。〉

美容師　：こんにちは、①本日、担当いたします田中です。

客　　　：あ、よろしくお願いします。

美容師　：②今日はどうなさいますか。

客　　　：あの、このモデルさんみたいな髪型にしたいんですけど。（スマホで写真を
　　　　　見せる）

美容師　：ああ、これ、けっこう短いですけど、大丈夫ですか。

客　　　：はい、大丈夫です。

美容師　：後ろを2センチぐらい切って、横も合わせて切りましょう。前髪はどうされ
　　　　　ますか。

客　　　：このモデルさんみたいに横にちょっと流したいです。

美容師　：わかりました。よく短い髪になさるんですか。

客　　　：いえ、いつもはあまりしないんですけど、最近暑いから、切りたくなってし
　　　　　まって。似合うでしょうか。

美容師　：③短い髪もお似合いになると思いますよ。じゃあ、最初にシャンプー台にご
　　　　　案内しますね。こちらへどうぞ。

客　　　：はい。

〈シャンプー台で、客が美容師に髪を洗ってもらっています。〉

美容師　：④おかゆいところはございませんか。

客　　　：いえ、大丈夫です。

解説

① 本日、担当いたします田中です。

【敬語の種類】 丁重語　〈VN〉いたします

【伝えたいこと】〈あいさつ〉　今日、（ヘアカットを）担当する田中です。

　美容院などでは、担当者が名前を言うことがありますが、それも一種のあいさつです。丁重語「いたします」は、名詞の前や「〜いたしますが」のように文中で使う場合も、丁寧語の「ます」と一緒に使います。このあいさつに対して、客は「お願いします」や「よろしくお願いします」などと答えればよいでしょう。

② 今日はどうなさいますか。

【敬語の種類】　尊敬語　＊なさる

【伝えたいこと】〈質問〉　今日は（髪型を）どうしますか。

　美容師が、客の要望や注文を、尊敬語を使って丁寧に聞いています。

③ 短い髪もお似合いになると思いますよ。

【敬語の種類】　尊敬語　お〈Vます形〉になる

【伝えたいこと】〈説明〉　短い髪も（お客さんに）似合うと思いますよ。

　美容師が、客の質問に答えて自分の意見を述べています。客の髪型について、尊敬語を使って丁寧に表現しています。

④ ④-1 おかゆいところは ④-2 ございませんか。

【敬語の種類】　④-1　尊敬語　お〈いA〉

　　　　　　　　④-2　丁重語　ございます＋否定

【伝えたいこと】〈質問〉 ④-1 かゆいところは ④-2 ありませんか。

　相手の様子を丁寧に表現したいとき、い形容詞の前に尊敬語の「お」を付けることができます。例えば、「鈴木さんはおやさしい方ですね」、「（あなたは）お忙しいですか」などがあります。丁重語「ございます」は、自分側のことに使うことが多いですが、相手のことについて使われることもあります。

> **聞きましょう** 1 内容を理解しよう の答え
> ①今日の予約内容について聞かれました。
> ②どのような髪型にするかについて相談しました。

チャレンジ問題

音声を聞いて、＿＿＿＿＿＿に敬語を使った表現を書きましょう。

どのような敬語が使われているか、話している人がその文全体で何を伝えたいかも考えましょう。

場面 1 🔊 34

① 次回から＿＿＿＿＿＿＿＿＿の際にお出しください。

② 処方せんは、保険証と一緒に薬局にお出しになり、お薬を＿＿＿＿＿＿＿＿＿＿＿＿＿＿＿。

③ みなと薬局がすぐ近くにありますが、＿＿＿＿＿＿＿＿＿＿＿＿＿＿か。

場面 2 🔊 35

① 今、アレルギー用のお薬を＿＿＿＿＿＿＿＿＿＿＿＿＿＿ね。

② お薬の名前は＿＿＿＿＿＿＿＿＿＿＿＿か。

③ じゃあ、お薬手帳を＿＿＿＿＿＿＿＿＿＿＿か。

場面 3 🔊 36

① 本日、＿＿＿＿＿＿＿＿＿＿＿＿＿高橋です。

② 今日はどう＿＿＿＿＿＿＿＿＿＿＿＿か。

③ とても＿＿＿＿＿＿＿＿＿です。

イベント

大勢の人に向けた話では、普通に話すときより「あらたまった」言葉を使うことがあります。特に結婚式や入学式のようなスーツを着ていくような場所では、あらたまった言葉を聞くことが多いです。このようなあらたまった場面で使われる言葉について勉強しましょう。

地域の体験イベント

学習目標

大勢に向けて話される説明を聞き、
理解する。

聞く前に それぞれの地域には、近所の人が自由に参加できるイベントがあります。どのようなイベントがあるか、また、参加した場合、どのような話がされるか考えてみましょう。

聞きましょう 1 内容を理解しよう 🔊 37

イベント会場で、スタッフが参加者にフラワーリースの作り方を説明しています。

■■ 次の言葉を確認しましょう。

> フラワーリース　名札　（名札を）つける　スタッフ
> リース台　飾り付けをする　木の実　順番に　列

■■ 音声を聞いて、全体の内容を理解しましょう。
① スタッフは、参加している人に、この後何をするように言いましたか。
② ①のことを先にするのは、どの列に座っている人ですか。

聞きましょう 2 敬語に注意して聞こう 🔊 37

■ 音声を聞いて、①～④の_____に敬語を使った表現を書きましょう。

その後、①～④の 問1 ～ 問3 に答えましょう。

問1 _____で使われている敬語の種類をa～cから選びましょう。

問2 _____の０形を書きましょう。

問3 文全体で伝えたいことは何ですか。a～cから選びましょう。

① 名札をつけている３名のスタッフが_____ので、

わからないことがあればお声がけください。

問1 a.尊敬語　b.謙譲語　c.美化語

問2 _____

問3 a.勧め　b.確認　c.お願い

② みなさんの_____に１つずつ、リース台が置いてあります。

問1 a.尊敬語　b.謙譲語　c.美化語

問2 _____

問3 a.申し出　b.説明　c.お願い

③ 順番にこちらに取りに_____。

問1 a.尊敬語　b.謙譲語　c.丁重語

問2 _____

問3 a.提案　b.説明　c.お願い

④ 窓側の列に_____方からどうぞ。

問1 a.尊敬語　b.謙譲語　c.丁重語

問2 _____

問3 a.提案　b.確認　c.お願い

聞きましょう 3 詳しく理解しよう 🔊37

■ スクリプトを見ながら聞いて、場面と敬語を確認しましょう。

スタッフ：みなさん、こんにちは。

参加者：こんにちは。

スタッフ：今日はみなさんと一緒に、フラワーリースを作りたいと思います。①名札をつけている3名のスタッフがお手伝いしますので、わからないことがあればお声がけください。では、さっそく始めましょう。②みなさんのお席に1つずつ、リース台が置いてあります。これから、みなさんのお好みに合わせて、このリース台に飾り付けをしていきます。前のテーブルにある3つの箱を見てください。この箱の中に、飾り付けに使う、お花、木の実、リボンが、それぞれ入っています。お好きなものを3つずつお選びいただけます。9つすべてを使わなくても構いません。それでは、③順番にこちらに取りにいらっしゃってください。数には余裕がありますので、ご安心ください。では、④窓側の列に座っていらっしゃる方からどうぞ。

聞きましょう 1 内容を理解しよう の答え

①これから飾り付けをしていくので、順番に、必要なものを取りに来るように言いました。
②窓側の列に座っている人です。

解 説

① 名札をつけている3名のスタッフがお手伝いしますので、わからないことがあれば
　お声がけください。

【敬語の種類】　謙譲語　お〈Ｖます形〉する

【伝えたいこと】〈お願い〉　名札をつけている3人のスタッフが手伝うので、わからな
　　　　　　　　　　　　いことがあれば声をかけてください（＝呼んでください）。

　手伝う相手である参加者を高くするために、スタッフの行動を謙譲語で表現していま
す。「声がけ」は、呼ぶという意味です。参加者は、フラワーリースを作るときに何
かわからないことがあれば、スタッフに声をかけて質問すればいいです。

② みなさんのお席に1つずつ、リース台が置いてあります。

【敬語の種類】　尊敬語　お〈Ｎ〉

【伝えたいこと】〈説明〉　みなさんの席に1つずつ、リース台が置いてあります。

　「席」は参加者が座っている場所を指しているので、参加者を高くするために尊敬
語にしています。

③ 順番にこちらに取りにいらっしゃってください。

【敬語の種類】　尊敬語　＊いらっしゃる＋てください

【伝えたいこと】〈お願い〉　順番にここに取りに来てください。

　参加者はこの後、必要な物を取りに行きます。「いらっしゃってください」の略した
表現を用いて、「取りにいらしてください」と言うこともあります。

④ 窓側の列に座っていらっしゃる方からどうぞ。

【敬語の種類】　尊敬語　〈Ｖて形〉いらっしゃる

【伝えたいこと】〈お願い〉　窓側の列に座っている人からどうぞ（取りに来てくださ
　　　　　　　　　　　　い）。

　「どうぞ」は「どうぞ取りに来てください」という意味ですから、参加者は、スタッ
フが指示したように、必要な物を取りに行けばいいです。

はじめに
1
2
3
4
5
6

イベント

場面1　地域の体験イベント

119

入学式でのスピーチ

学習目標

あらたまった場面でよく使われる特別な表現を理解する。

聞く前に　日本の多くの学校では、入学式は特別な儀式で、関係する人や出席している人が次々にスピーチをします。あなたは入学式に出たことがありますか。どのようなスピーチがありましたか。

令和〇年度
●〇大学入学式

聞きましょう 1 内容を理解しよう 🔊 38

大学の入学式で、学長がスピーチをしています。

■■ 次の言葉を確認しましょう。

教職員	来賓	多忙	列席	賜る	自治体	地域住民	創立

■■ 音声を聞いて、全体の内容を理解しましょう。
① 入学式に参加しているのは新入生のほかにどのような人ですか。
② 学長は誰に向かって話していますか。

聞きましょう 2 敬語に注意して聞こう 🔊 38

■ 音声を聞いて、①〜④の＿＿＿＿＿＿＿＿＿＿に敬語を使った表現を書きましょう。

その後、①〜④の 問1 〜 問3 に答えましょう。（④には 問3 はありません。）

問1 ＿＿＿＿＿＿＿＿＿で使われている敬語の種類をa 〜 cから選びましょう。

問2 ＿＿＿＿＿＿＿＿＿の０形を書きましょう。

問3 誰を高くしていますか。a 〜 cから選びましょう。

① 心より＿＿＿＿＿＿＿＿＿＿＿＿＿＿＿＿＿。

問1 a.尊敬語　b.謙譲語　c.丁重語

問2 ＿＿＿＿＿＿＿＿＿＿＿＿＿＿＿＿＿＿

問3 a.新入生と家族　b.大学の教職員　c.参加者全員

② 長山市の佐藤市長をはじめ、ご来賓の皆様には、②-1＿＿＿＿＿にもかかわらず、
②-2＿＿＿＿＿を②-3＿＿＿＿＿、厚く②-4＿＿＿＿＿＿＿＿＿＿＿＿＿＿。

問1　②-1　a.尊敬語　b.謙譲語　c.丁重語

　　　②-2　a.尊敬語　b.謙譲語　c.丁重語

　　　②-3　a.尊敬語　b.謙譲語　c.丁重語

　　　②-4　a.尊敬語　b.謙譲語　c.丁重語

問2　②-1　＿＿＿＿＿＿＿＿＿＿＿＿＿＿＿＿

　　　②-2　＿＿＿＿＿＿＿＿＿＿＿＿＿＿＿＿

　　　②-3　＿＿＿＿＿＿＿＿＿＿＿＿＿＿＿＿

　　　②-4　＿＿＿＿＿＿＿＿＿＿＿＿＿＿＿＿

問3　②-1〜②-4　a.市長や来賓　b.新入生　c.大学の教職員

③ 少し＿＿＿＿＿＿＿＿＿＿＿＿＿ようにも見えますが、これから始まる新しい
大学生活に、大きな期待と夢をお持ちのことと思います。

問1 a.丁重語・尊敬語　b.美化語　c.謙譲語

問2 ＿＿＿＿＿＿＿＿＿＿＿＿＿＿＿＿＿＿

問3 a.市長や来賓　b.新入生　c.大学の教職員

④ お祝いの挨拶と＿＿＿＿＿＿＿＿＿＿＿。

問1 a.尊敬語　b.丁重語　c.美化語

問2 ＿＿＿＿＿＿＿＿＿＿＿＿＿＿＿＿＿＿

121

■ スクリプトを見ながら聞いて、場面と敬語を確認しましょう。

学長:新入生のみなさん、ご家族の皆様、本日は入学おめでとうございます。
①心よりお喜び申し上げます。入学式のこの日を迎え、私も気分を新たにしながら、長山大学の教職員を代表いたしまして、心よりお祝いを申し上げます。
②長山市の佐藤市長をはじめ、ご来賓の皆様には、ご多忙にもかかわらず、ご列席を賜り、厚く御礼申し上げます。また日頃よりお世話になっております、自治体の関係者や、地域住民の皆様に感謝申し上げます。
さて、新入生のみなさんは、今、どんなお気持ちでしょうか。③少し緊張しておられるようにも見えますが、これから始まる新しい大学生活に、大きな期待と夢をお持ちのことと思います。みなさんをお迎えするこの大学は、明治40年創立の伝統ある総合大学です。今日から始まる大学生活においてはみなさんには学生生活を大いに楽しみ、かつ学び、社会で活躍できる力を養ってくださることを願い、④お祝いの挨拶といたします。

聞きましょう 1 内容を理解しよう の答え

①新入生の家族、市長など来賓（地域住民）、大学の教職員です。
②新入生、新入生の家族、来賓に向かって話しています。

解説

　入学式、卒業式、結婚式などの「式典」では「正装」と呼ばれるスーツなどを着て、真面目な態度で出席します。そのような雰囲気や態度を「あらたまっている」と言います。出席者全員に対してするスピーチでは、言葉もあらたまったものになるため、あらたまった感じのある「丁重語」がよく使われます。そして、それぞれの立場の出席者に対して敬語を使うことが多いです。

① 心よりお喜び申し上げます。

【敬語の種類】　謙譲語　お〈Vます形〉申し上げる

【伝えたいこと】心からお祝いします（＝おめでとうございます）。

　あらたまった場面で、入学した新入生とその家族に配慮して使っています。「お喜び申し上げます」は決まった表現で、祝福する意味を持っています。

② 長山市の佐藤市長をはじめ、ご来賓の皆様には、②-1ご多忙にもかかわらず、②-2ご列席を②-3賜り、厚く②-4御礼申し上げます。

【敬語の種類】　②-1　尊敬語　ご〈なA〉

　　　　　　　②-2　尊敬語　ご〈VN〉

　　　　　　　②-3　謙譲語　〜を*賜る※「〜してもらう」の意味

　　　　　　　②-4　謙譲語　御〈N〉申し上げる

【伝えたいこと】長山市の佐藤市長をはじめ、来賓のみなさんには、多忙な（＝忙しい）のに出席してもらって（＝来てくれて）、お礼を言います（＝ありがとうございます）。

　出席している市長などの来賓に対して、あらたまった場面にふさわしいとても丁寧な言葉を使っています。「ご列席を賜り（＝出席してもらって）」「御礼申し上げます（＝ありがとうございます）」はどちらも謙譲語を使った決まった表現で、このような式などのスピーチでよく使われます。「御礼申し上げます」は、「お〜申し上げる」の形と同じ謙譲語ですが、「おれい」ではなく「おんれい」と言います。

③ 少し緊張しておられるようにも見えますが、これから始まる新しい大学生活に、大きな期待と夢をお持ちのことと思います。

【敬語の種類】 丁重語・尊敬語 〈Vて形〉おります・V（ら）れる

【伝えたいこと】（新入生は）少し緊張しているようにも見えますが、これから始まる新しい大学生活に、大きな期待と夢を持っていると思います。

　丁重語「〈Vて形〉おります」に尊敬語「V（ら）れる」を付けたもので、「ていらっしゃる」とは異なり、あらたまった場面で敬意を表したいときによく使われます。上の立場の人である学長が学生に対して敬語を使うことを不思議に思うかもしれませんが、新入生は学長から見ると、自分の大学に入学して学んでくれる立場の人です。そのため、あらたまった場面で敬意を表す「ておられる」を使っています。また、教師が、指導する学生に向かって話すとき、相手を尊重して尊敬語を使う場合もあります。

④ お祝いの挨拶といたします。

【敬語の種類】 丁重語 いたします

【伝えたいこと】 お祝いの挨拶とします（＝挨拶を終わります）。

　あらたまった場面でのスピーチの最後の言葉として丁重語を使っています。

チャレンジ問題

音声を聞いて、_____に敬語を使った表現を書きましょう。

どのような敬語が使われているか、話している人がその文全体で何を伝えたいかも考えましょう。

場面1 ◀))39

① みなさんには、まず、黄色い台の上から青竹をご自分の_____に持って行っていただきます。

② みなさんが_____後方に１セットずつ置いてありますので、各自お持ちください。

③ もみ殻は、こちらの入口近くの入れ物にまとめて入れてありますので、必要なときに取りに_____。

場面2 ◀))40

① 私は新婦まゆみさんの友人で、キムと_____。

② 一言お祝いを_____。

③ 幸せそうなまゆみさんを_____、私も大変うれしいです。

敬語一覧1（敬語の形）

Keigo list 1 (Keigo forms)　敬語一覧1（敬語的形式）　Danh sách 敬語1(Dạng thức của 敬語)

① 尊敬語

尊敬語の基本形		尊敬語を使った例	0形	
V（ら）れる		行かれます	行きます	行く
		見られます	見ます	見る
		されます、来られます	します、来ます	する、来る
お〈Vます形〉になる		お書きになります	書きます	書く
ご〈VN〉になる		ご利用になります	利用します	利用する
ご〈VN〉なさる		ご記入なさいます	記入します	記入する
お〈Vます形〉だ		お休みです	休みます／休んでいます	休む／休んでいる
ご〈VN〉だ		ご利用です	利用します／利用しています	利用する／利用している
特別な形の尊敬語	*いらっしゃる	いらっしゃいます	行きます、来ます、います	行く、来る、いる
	*召し上がる	召し上がります	食べます、飲みます	食べる、飲む
	*おっしゃる	おっしゃいます	言います	言う
	*ご覧になる	ご覧になります	見ます	見る
	*なさる	なさいます	します	する
	*くださる	くださいます	くれます	くれる
「て／でいらっしゃる」を使った尊敬語	〈Vて形〉いらっしゃる	決まっていらっしゃいます	決まっています	決まっている
	〈Aて形〉いらっしゃる	（お）若くていらっしゃいます	若いです	若い
	〈なA〉でいらっしゃる	（お）元気でいらっしゃいます	元気です	元気だ
	〈N〉でいらっしゃる	2名様でいらっしゃいます	2人です	2人だ
「くださる」を使った尊敬語	〈Vて形〉くださる	書いてくださいます	書いてくれます	書いてくれる
	お〈Vます形〉くださる	お書きくださいます	書いてくれます	書いてくれる
	ご〈VN〉くださる	ご注意くださいます	注意してくれます	注意してくれる
	*お出でくださる	お出でください	来てください	来て（くれ）
	*ご覧くださる	ご覧ください	見てください	見て（くれ）
名詞の尊敬語	お〈N／VN〉	お忘れ物、お返事	忘れ物、返事	忘れ物、返事
	ご〈N／VN〉	ご住所、ご理解	住所、理解	住所、理解
	〈名前など〉様	佐藤様、皆様	佐藤さん、みなさん	佐藤、みんな
	お〈N〉様	お客様、お子様、お医者様	お客さん、お子さん、お医者さん	客、子供、医者
	〈数〉名様	5名様	5人	5人

126

尊敬語の基本形		尊敬語を使った例	0形	
形容詞の 尊敬語	お〈いA〉	お忙しいです	忙しいです	忙しい
	お〈なA〉	お静かです	静かです	静かだ
	ご〈なA〉	ご面倒です	面倒です	面倒だ
副詞の 尊敬語	お〈副詞〉	お大事に	大事に	大事に
	ご〈副詞〉	ごゆっくり、ご自由に	ゆっくり、自由に	ゆっくり、 自由に

② 謙譲語

謙譲語の基本形		謙譲語を使った例	0形	
お／ご〈Vます形／VN〉 する		お送りします	送ります	送る
		ご案内します	案内します	案内する
お／ご〈Vます形／VN〉 申し上げる		お祝い申し上げます	祝います	祝う
		ご案内申し上げます	案内します	案内する
お／ご〈Vます形／VN〉 願います		お立ち願います	立ってください	立って（くれ）
		ご注意願います	注意してください	注意して（くれ）
特別な形 の謙譲語	*いただく	いただきます	もらいます	もらう
	*拝見する	拝見します	見ます	見る
	*うかがう	うかがいます	聞きます、 行きます（訪ねます）	聞く、 行く（訪ねる）
	*申し上げる	申し上げます	言います、話します	言う、話す
	*承る	承ります	聞きます、引き受けます	聞く、引き受ける
「いただ く」を使っ た謙譲語	〈Vて形〉いた だく	話していただきます	話してもらいます	話してもらう
		見ていただきます	見てもらいます	見てもらう
	お／ご〈Vます 形／VN〉いた だく	お手伝いいただきます	手伝ってもらいます	手伝ってもらう
		お返事いただきます	返事してもらいます	返事してもらう
		ご遠慮いただきます	遠慮してもらいます	遠慮してもらう
名詞の 謙譲語	お〈N／VN／ Vます形〉	お手紙、お返事	手紙、返事	（私の）手紙、返事
	ご〈VN〉	ご報告	報告	（私の）報告

③ 丁重語

丁重語	0形	
いたします	します	する
〈VN〉いたします	〈VN〉します	〈VN〉する
申します	言います	言う
参ります	行きます、来ます	行く、来る
〈Vて形〉まいります	〈Vて形〉いきます、〈Vて形〉きます	〈Vて形〉いく、〈Vて形〉くる
おります／おりません	います／いません	いる／いない
〈Vて形〉おります	〈Vて形〉います	〈Vて形〉いる
存じます	思います	思う
存じております	知っています	知っている
ございます／ございません	あります／ありません	ある／ない

④ 謙譲丁重語

謙譲丁重語の基本形	謙譲丁重語を使った例	0形	
お／ご〈Vます形／ VN〉いたします	お預かりいたします	預かります	預かる
	ご説明いたします	説明します	説明する

⑤ 丁寧語

丁寧語の基本形	丁寧語を使った例	0形	
〈N〉です／〈N〉でございます	本です／本でございます	本です	本だ
〈いA〉です	新しいです	新しいです	新しい
〈なA〉です	便利です	便利です	便利だ
〈Vます形〉ます	行きます	行きます	行く

⑥ 美化語

美化語の基本形	美化語を使った例	0形	
お〈N ／ VN〉	お花	花	花

■ 敬語以外の丁寧な言葉

あらたまった感じの言葉	普通の言葉
こちら／そちら／あちら／どちら	ここ／そこ／あそこ／どこ
いかが	どう
少々	少し
さきほど／のちほど	さっき／あとで
ただいま	すぐに、今
本日／昨日／明日・明日	今日／昨日／明日
私／私ども	私／私たち
方／方々	人／人々
者	人
よろしい	いい、よい
結構です	いいです
できかねます	できません
よろしければ	よければ
ご容赦ください	許してください
恐れ入りますが／申し訳ありませんが	すみませんが
かしこまりました	わかりました

① 尊敬語

敬語の形	ユニット	場面	番号
V（ら）れる	4	3	③
	5	1	②
	6	2	③
V（ら）れる+たい	4	3	④
V（ら）れる+ている	4	3	①
〈Vて形〉いらっしゃる	5	2	②－2
	6	1	④
*いらっしゃる+てください	6	1	③
お〈N〉	5	1	⑤
	5	2	①
	5	2	②－1
	6	1	②
お〈いA〉	5	3	④－1
お〈副詞〉	5	2	④
お〈N〉様	3	3	④－2
お〈Vます形〉ください	1	1	①
	2	1	④－2
	3	2	①－2
	3	2	③－2
	5	1	④
お〈Vます形〉だ	2	1	①
	2	4	②
	3	3	④－1
	3	4	①
	4	1	①
	4	1	②
	5	2	③－2
お〈Vます形〉になる	1	1	②
	3	2	①－1
	4	1	③
	4	1	④
	5	3	③

敬語の形	ユニット	場面	番号
お〈Vます形〉になる+可能	3	3	③
お〈Vます形〉になる+ている	5	2	③－1
ご〈VN〉	1	2	④－1
	6	2	②－2
ご〈なA〉	1	2	④－2
	6	2	②－1
ご〈副詞〉	3	2	③－1
	4	2	④
ご〈VN〉ください	4	2	③－2
	5	1	③
ご〈VN〉くださる	1	1	③－1
	1	2	①
ご〈VN〉になる+可能+否定	1	3	②
	4	2	③－1
ご〈VN〉になる+否定	2	1	③
*ご覧くださる	3	3	①
*ご覧になる	4	2	①
〈N〉でいらっしゃる	3	1	①－2
*なさる	2	2	①－3
	2	3	④
	5	1	①
	5	3	②
*なさる+ている	4	3	②
皆様	3	2	②－1
～名様	3	1	①－1
*召し上がる	2	3	②
	3	2	②－2

② 謙譲語

敬語の形	ユニット	場面	番号
*いただく	2	4	①
	3	1	③－1
〈Vて形〉いただく	2	4	③
〈Vて形〉いただく+可能	4	4	③

* 承る	2	2	①-2
	2	2	③-2
お〈N〉	2	2	①-1
お〈Vます形〉いただく	2	3	②
	3	2	②-2
	4	4	①
お〈Vます形〉いただく+可能	1	3	⑤
	3	4	②
	4	2	②
	4	4	②-1
	4	4	④
お〈Vます形〉いただく+可能+否定	1	3	③
お〈Vます形〉する	2	1	②
	2	1	⑤
	2	3	①
	2	3	③
	3	3	②
	6	1	①
お〈Vます形〉願います	1	1	⑤
お〈Vます形〉申し上げる	6	2	①
御〈N〉申し上げる	6	2	②-4
ご〈VN〉	2	2	③-1
ご〈VN〉いただく+可能	2	2	②
	3	1	③-3
ご〈VN〉する	1	3	①
	2	1	④-1
	3	1	③-2
	3	4	③
ご〈VN〉する+可能	3	1	②
ご〈VN〉する+ている	4	4	②-2
ご〈VN〉願います	1	1	④
〜を*賜る	6	2	②-3

③ 丁重語

敬語の形	ユニット	場面	番号
いたします	6	2	④

〈VN〉いたします	5	3	①
	2	4	①
	3	1	③-1
〈Vて形〉おります	3	1	③-2
	3	4	③
	3	4	④
	6	2	③
ございます+否定	1	2	③
	1	3	④
	5	3	④-2

④ 謙譲丁重語

敬語の形	ユニット	場面	番号
お〈Vます形〉いたします	1	1	③-2
	2	4	④

⑤ 丁寧語

敬語の形	ユニット	場面	番号
でございます	1	2	②

■ 謙譲語+丁重語

敬語の形	ユニット	場面	番号
*いただく+〈Vて形〉おります	2	4	①
*いただく+〈Vて形〉おります+否定	3	1	③-1
ご〈VN〉する+〈Vて形〉おります	3	1	③-2
	3	4	③

■ 尊敬語・謙譲語

敬語の形	ユニット	場面	番号
*召し上がる・お〈Vます形〉いただく+可能	2	3	②
	3	2	②-2

■ 丁重語・尊敬語

敬語の形	ユニット	場面	番号
〈Vて形〉おります・V(ら)れる	6	2	③

編著者
坂本 惠　（さかもと　めぐみ）東京外国語大学名誉教授
高木 美嘉（たかぎ　みよし）　城西国際大学語学教育センター教授
徳間 晴美（とくま　はるみ）　明治学院大学教養教育センター専任講師

著者
宇都宮 陽子（うつのみや　ようこ）早稲田大学日本語教育研究センター非常勤講師
福島 恵美子（ふくしま　えみこ）　早稲田大学日本語教育研究センター非常勤講師
丸山 具子　（まるやま　ともこ）　早稲田大学日本語教育研究センター非常勤講師
山本 直美　（やまもと　なおみ）　早稲田大学日本語教育研究センター非常勤講師
吉川 香緒子（よしかわ　かおこ）　早稲田大学日本語教育研究センター非常勤講師

翻訳
英語　株式会社アーバン・コネクションズ　　中国語　徐前　　ベトナム語　Lê Trần Thư Trúc

イラスト
二階堂ちはる

装丁・本文デザイン
Boogie Design

聞いて慣れよう日本語の敬語
－場面で学ぶ日本語コミュニケーション－

2023 年 10 月 6 日　初版第 1 刷発行

編著者　坂本惠　高木美嘉　徳間晴美
著　者　宇都宮陽子　福島恵美子　丸山具子　山本直美
　　　　吉川香緒子
発行者　藤嵜政子
発　行　株式会社スリーエーネットワーク
　　　　〒102-0083　東京都千代田区麹町 3 丁目 4 番
　　　　　　　　　　トラスティ麹町ビル 2 F
　　　　電話　営業　03（5275）2722
　　　　　　　編集　03（5275）2725
　　　　https://www.3anet.co.jp/
印　刷　三美印刷株式会社

ISBN978-4-88319-929-7　C0081

聞いて慣れよう
日本語の敬語

場面で学ぶ日本語コミュニケーション

別冊

スリーエーネットワーク

ユニット1 チャレンジ問題

場面1 🔊 04

■解答

①おやめください（尊敬語）

伝えたいこと:〈お願い〉 車内では、携帯電話やスマートフォンをマナーモードにして（もらい）、通話はやめてください。

②お待ちくださいます（尊敬語）

伝えたいこと:〈お願い〉 発車まで、少し待ってください。

③おつかまりください（尊敬語）

伝えたいこと:〈お願い〉 立っている人は、近くの手すりなどにつかまってください。

■スクリプト

〈電車の中のアナウンス〉

まもなく発車いたします。車内、奥までお進みください。扉、閉まります。……ご乗車の皆様にお願いいたします。①車内では、携帯電話やスマートフォンをマナーモードにしていただき、通話はおやめください。……ただいま、前の電車が遅れておりますため、停車しております。②発車まで、少々お待ちくださいますようお願いいたします。

〈バスの中のアナウンス〉

バスが揺れることがございます。③お立ちの方は、お近くの手すりなどにおつかまりください。

場面2 🔊 05

■解答

①ご注意ください（尊敬語）

伝えたいこと:〈お願い〉 （電車を）降りるときは、足下に注意してください。

②ご案内（謙譲語）

伝えたいこと:〈説明〉 乗り換えの案内をします。

③ご利用いただきまして（謙譲語）

伝えたいこと:〈あいさつ〉 今日も、新幹線を利用してもらって（＝くれて）ありがとうございました。

■スクリプト

〈新幹線の中のアナウンス〉

まもなく富川です。高野線、富川鉄道は、お乗り換えです。お降りのお客様はお忘れ物のないよう、おしたくください。電車とホームの間が少々あいているところがあります。①お降り

の際は足下にご注意ください。小さなお子様をお連れのお客様は手をつないでお降りください。富川の次は長尾に止まります。あと３分ほどのご乗車で富川に着きます。お出口は右側、11番乗り場です。②お乗り換えのご案内をいたします。高野線特急20号最終列車の名古行き、17時14分２番乗り場です。谷川方面普通谷川行き17時34分、２番乗り場、富川鉄道川野方面東山行き、17時17分４番乗り場、小竹方面金崎行き17時16分３番乗り場です。③本日も、新幹線をご利用いただきましてありがとうございました。

場面3 🔊06

■解答

①ご購入いただけます（謙譲語）

　伝えたいこと：〈説明〉（「お寺めぐりパス」は）ここでも購入してもらえます（＝買えます）。

②お使いになれます（尊敬語）

　伝えたいこと：〈説明〉　使い始めた日からちょうど３日間、使えますよ。

③お使いになれないんです（尊敬語）

　伝えたいこと：〈説明〉　このパスは使えないんです。

■スクリプト

〈観光案内所の受付で、客と受付の人が話しています。〉

客　　　：あの、すみません、「お寺めぐりパス」は、ここで買えますか。

受付の人：はい、①こちらでもご購入いただけます。

客　　　：３日間、このあたりに滞在する予定なんですが、ずっと使えますか。

受付の人：はい。②使い始めた日からちょうど３日間、お使いになれますよ。

客　　　：じゃあ、２枚、お願いします。

受付の人：２枚ですね。はい、こちらです。使い方なんですが、お寺に行かれましたら、入口の受付で必ずこのパスをお見せください。それと、これは、このパスが使えるお寺のマップです。お寺に行く前に、ご確認ください。

客　　　：このパスが使えないお寺がありますか。

受付の人：はい、このマップにないお寺は、③このパスはお使いになれないんです。

客　　　：そうですか。明月寺はあるかな……。あ、ありました。よかった。

受付の人：それから、お寺に入れる時間も、このマップに書いてあるので、ご確認ください。何かご不明な点はございませんか。

客　　　：はい、大丈夫です。

ユニット2 チャレンジ問題

場面1 ◀))11

■解答

①お試しになりません（尊敬語）

伝えたいこと：〈勧め〉　よければ、スカートに合わせて試しませんか。

②お預かりします（謙譲語）

伝えたいこと：〈説明〉　では、スカートとセーターはレジで預かりますね。

■スクリプト

〈服売り場で店員と客が話しています。〉

店員：ご試着をお待ちの3番のお客様。お待たせしました。こちらでご試着ください。

客　：はい。

店員：お客様、いかがでしょうか。

客　：んー、Lサイズは少し大きいかな……。Mサイズのほうがいいかも……。

店員：では、Mサイズをお持ちしますね。

＊＊＊

店員：こちらがMサイズでございます。それから、こちらのMサイズのセーターもお持ちしました。①よろしければ、スカートに合わせてお試しになりませんか。

客　：はい、じゃあ、着てみます。

店員：いかがですか。ぜひこちらの大きな鏡の前へどうぞ。スカートもセーターもMサイズでぴったりですね。とてもよくお似合いです。

客　：うーん、じゃあ、2つとも買います。

店員：ありがとうございます。当店のメンバーズカードはお持ちですか。

客　：はい。

店員：ただいまスペシャルセールを行っておりまして、メンバーズカードをご提示いただくと、3点以上ご購入の場合、全品が20％オフになります。もう1点購入されますとお安くなりますが、いかがでしょうか。

客　：あ、そうですか。じゃあ、もうひとつ探してみます。

店員：はい、ぜひ。靴下やハンカチなど、小物でも1点となりますので、どうぞご自由にご覧ください。②では、スカートとセーターはレジでお預かりしますね。

■解答

①交換なさいます（尊敬語）

　伝えたいこと：〈質問〉　では、返品しますか、交換しますか。

②承っておりません（謙譲語＋丁重語）

　伝えたいこと：〈説明〉　とても申し訳ありませんが、レシートを持っていない場合の返品は
　　　　　　　　　　　　引き受けていないので（、返品はできません）。

■スクリプト

〈電化製品の売り場で、店員と客が話しています。〉

客　　：すみません、このドライヤー、返品できますか。

店員：いかがなさいましたか。

客　　：まだ使っていないんですが、もう少し大きいのがほしくて……。

店員：あ、そうですか。①では、返品なさいますか、交換なさいますか。

客　　：返品でお願いします。

店員：かしこまりました。レシートはお持ちですか。

客　　：あの、家にあるかもしれないんですが、今は持ってなくて……。

店員：②大変申し訳ございませんが、レシートをお持ちでない場合の返品は承っておりませ
　　　んので。

客　　：ああ、そうですか……。じゃあ、交換はできませんか。

店員：当店では、レシートがない場合とセール品の場合、返品・交換はお断りさせていただい
　　　ております。申し訳ございません。

客　　：じゃあ、家に帰って探してみます。あの、いつまでにレシートを持ってくれば返品でき
　　　ますか。

店員：ご購入日から1週間以内なら、返品・交換が可能でございます。

客　　：1週間ですか……。いつ買ったか覚えていないんですが……。

店員：大変恐れ入りますが、レシートに購入された日にちが書かれていると思いますので、ご
　　　確認いただけますか。

客　　：はい、わかりました。

■解答

①お持ち歩きいただけます（謙譲語）

　　伝えたいこと：〈説明〉　これなら4時間ぐらいまで持ち歩いてもらえます（＝持ち歩けます）。

②お付けします（謙譲語）

　　伝えたいこと：〈質問〉　フォークは付けますか。

■スクリプト

〈ケーキ店で店員と客が話しています。〉

客　：すみません、6個お願いしたいんですが、えーと、ショートケーキを3個と、あ、モンブ
　　　ランはこれだけですか。

店員：はい、こちらに出ているだけになります。

客　：じゃあ、2つください。あ、じゃあ、すみません、ショートケーキも2つで、あとレアチー
　　　ズケーキを2つお願いします。

店員：かしこまりました。ショートケーキとモンブランとレアチーズケーキをお2つずつ、全
　　　部で6個ですね。

客　：はい。

店員：少々お待ちください。……こちらでよろしいですか。

客　：はい。

店員：お持ち歩きのお時間は。

客　：3時間ぐらいかかるかもしれないんですが。

店員：保冷剤でだいたい2時間ですので、こちらの保冷バッグにお入れしますか。100円に
　　　なりますが、①これですと4時間ぐらいまでお持ち歩きいただけます。

客　：あー、じゃあ、お願いします。

店員：承知しました。②フォークはお付けしますか。

客　：あ、大丈夫です。

店員：ではお会計をお願いいたします。ショートケーキとモンブランとレアチーズケーキをお
　　　2つずつ、保冷バッグをお付けして合計3,720円でございます。

客　：この商品券、使えますか。

店員：はい、ご利用いただけますが、お釣りはお渡しできかねますので……。

客　：じゃあこれで。

店員：お預かりします。……280円のお返しです。

客　：はい、ありがとうございます。

店員：お品物です。気を付けてお持ちください。ありがとうございました。

■解答

①飾っていただける（謙譲語）

　伝えたいこと：〈説明〉　そのまま飾ってもらえる（＝飾れる）タイプですね。

②いただいております（謙譲語＋丁重語）

　伝えたいこと：〈説明〉　アレンジメント代として５００円もらうことになっているので、
　　　　　　　　　　　　　５,５００円になります。

■スクリプト

〈花屋で店員と客が話しています。〉

客　：すみません、プレゼントのお花をお願いしたいんですが。

店員：かしこまりました。今お持ち帰りになりますか。

客　：あ、明日取りに来ます。

店員：承知しました。明日お受け取りということですと、明日入荷しているお花でお作りしま
　　　すので、お花の種類についてはこちらで選ばせていただいてよろしいですか。

客　：はい、お任せします。

店員：ありがとうございます。お祝いとかお見舞いとか……。

客　：誕生日なんですけど、えーと、５,０００円ぐらいでどんな感じになりますかね……。

店員：お誕生日ですね。花束ですと、ちょっと大きめのお花で長さを出すようにするか、短く
　　　丸い形にするかで少し変わってきますが、あとはアレンジメント……これですね。
　　　①そのまま飾っていただけるタイプですね。

客　：あー、いいですね、花びんいらないですもんね。

店員：そうですね。今の時季でしたら１週間ぐらいはお楽しみいただけると思います。

客　：あ、じゃあこれでお願いします。

店員：承知しました。お色とか雰囲気のご希望はいかがですか。ピンク系でかわいい感じと
　　　か、ちょっと大人っぽい感じとか。

客　：そうですねぇ……。これ、かわいいですよね。黄色、かわいいなー。

店員：じゃあ柔らかい黄色を使って、かわいらしい感じにしましょうか。

客　：はい、お願いします。

店員：ではこちらでお会計をお願いいたします。②アレンジメント代として５００円いただい
　　　ておりますので、５,５００円になります。

客　：はい。

店員：では１０,５００円お預かりしましたので、５,０００円のお返しです。

客　：はい、ありがとうございます。

店員：こちらがお控えです。明日お持ちください。

客　：よろしくお願いします。

店員：ありがとうございました。お待ちしております。

ユニット3 チャレンジ問題

場面1 ■))19

■解答
①お持ちする（謙譲語）

伝えたいこと：〈説明〉 店が落ち着いた時間だと（＝時間であれば）、タイミングよく席に持っていくなど、要望に応えやすくなると思いますが……。

②お持ちいただく（謙譲語）

伝えたいこと：〈お願い〉 花を持って来てもらうのは、当日の3時以降にお願いできますか。

■スクリプト
〈レストランで店員と客が話しています。〉

店員：いらっしゃいませ。

客　：あのう、予約をしたいんですが。

店員：ご希望のお日にちとお時間はお決まりですか。

客　：はい。あのう、再来週の土曜日、25日の夜、7時ぐらいで。2名なんですが。

店員：はい、お席、ございますが。

客　：あの。

店員：ほかに、何かご要望はおありですか。

客　：実は、彼女の誕生日なんで、サプライズのプレゼントをあげたいんですが、預かっておいていただくことはできますか。花束なんですが。

店員：はい、お預かりできますよ。お時間なんですが、8時以降はいかがですか。①店が落ち着いたお時間ですと、タイミングよくお席にお持ちするなど、ご要望にお応えしやすくなると思いますが……。

客　：はい、じゃ、8時でも大丈夫です。

店員：ありがとうございます。そうしましたら、25日の8時から、あちらの窓際のお席をご用意させていただくということでよろしいですか。

客　：はい。

店員：②お花をお持ちいただくのは、当日の3時以降にお願いできますでしょうか。

客　：じゃ、4時ごろ持って来ます。

店員：そうしましたら、お花をお席にお持ちするタイミングなどのお打ち合わせは、当日、お花をお持ちいただいたときにさせていただきたいんですが、よろしいですか。

客　：はい、お願いします。

店員：では、お名前とご連絡先を……。

■解答

①お待ちいただけます（謙譲語）

　伝えたいこと：〈お願い〉　ここで少し待ってもらえますか。

②ご入力ください（尊敬語）

　伝えたいこと：〈お願い〉　ここに暗証番号を入力してください。

■スクリプト

〈レストランで店員と客が話しています。〉

店員：いらっしゃいませ。何名様ですか。

客　：2名です。

店員：ただいまお席をご準備しますので、申し訳ありませんが、こちらのタブレットにお名前と人数をご入力ください。順番に番号でお呼びしますので、①こちらで少々お待ちいただけますでしょうか。

客　：わかりました。……だいたい何分ぐらいかかりますか。

店員：おおよそ10分ほどかと。お席がご準備でき次第ご案内します。

客　：わかりました。

＊＊＊

店員：お待たせいたしました。5番でお待ちのお客さま、お席にご案内いたします。

＊＊＊（食後、席を立ち、会計をする）

客　：お会計、お願いします。

店員：ありがとうございます。伝票をお預かりいたします。お会計は合計で3,080円です。

客　：すみません。別々にお願いできますか。

店員：申し訳ありませんが、ただいまのお時間のお会計は、テーブルごとにご一緒にお願いしております。

客　：あ、そうですか。わかりました。じゃあ、これでお願いします。

店員：はい。カードをお預かりします。②こちらに暗証番号をご入力ください。

　　　ありがとうございます。カードをお返しします。こちら、カードのお控えと領収書です。

　　　どうもありがとうございました。

■解答

①ご使用になれます（尊敬語）

伝えたいこと:〈説明〉　はい、（そのクーポンは）使用できます。

②お見せください（尊敬語）

伝えたいこと:〈お願い〉　では、バーコードを見せてください。

■スクリプト

〈ハンバーガーショップで店員と客が話しています。〉

店員:いらっしゃいませ。こんにちは。

客　:えーと、チーズバーガーランチセット、お願いします。

店員:店内でお召し上がりでしょうか。

客　:いえ、テイクアウトで。

店員:テイクアウトで、チーズバーガーランチセット1点ですね。かしこまりました。

では、セットのお飲み物をこちらからお選びください。

客　:えーと、ホットコーヒーで。

店員:はい、お砂糖とミルクは使われますか。

客　:ミルクだけください。

店員:かしこまりました。フライドポテトのソースもこちらからお選びください。

客　:じゃあ、ケチャップで。

店員:サイドメニューのサラダをご一緒にいかがでしょうか。新鮮野菜のサラダですので、ぜ

ひどうぞ。

客　:いや、いいです。

店員:かしこまりました。お会計は540円です。

客　:あの、このクーポンは使えますか。

店員:①はい、ご使用になれます。では、お会計が変わりまして、490円です。

客　:じゃあ、バーコード決済で。

店員:はい。②では、バーコードをお見せください。

客　:はい。

店員:ありがとうございます。ただいま、ご用意いたしますので、右手で少々お待ちください。

場面 4 🔊 22

■解答

①おそろいでしょう（尊敬語）

　伝えたいこと：〈質問〉　呼んだときに全員がいないと案内できませんが、みなさん、そろっ
　　　　　　　　　　　　　　ていますか。

②お召し上がりいただけます（尊敬語・謙譲語）

　伝えたいこと：〈説明〉　その入れ物のガリは、好きなだけ食べてもらえます（＝食べられます）。

■スクリプト

〈回転ずし店で店員と客が話しています。〉

店員：いらっしゃいませ。こちらにお名前と人数をお書きいただけますか。

客1：あ、はい。

店員：お名前をお呼びしますまで、あちらでお待ちください。①お呼びしたときに全員がい
　　　らっしゃらないとご案内できませんが、皆様、おそろいでしょうか。

客1：はい、います。

＊＊＊

店員：3名でお待ちの田中様。

客1：はい。

店員：こちらのお席にどうぞ。メニューです。

客1：あの、初めて来たので、よくわからないんですが、前を回っているお皿は自由に取って
　　　もいいんですか。

店員：はい、お好みのものをご自由にお取りください。あるいは、あちらの店員がすしを握っ
　　　ておりますので、こちらの紙に書いて、直接お渡しください。

客2：あ、はい。あの、湯のみがありますが、これはお茶用ですか。

店員：はい、そちらに粉茶がございますので、湯のみにお好みの量をお入れになって、ここか
　　　らお湯を注いでください。

客2：ああ、ここからお湯が出るんですね。あ、それから、これは食べてもいいんですか。

店員：②そちらの入れ物のガリは、お好きなだけお召し上がりいただけます。

客3：ガリ、好きだから、うれしいなあ。

店員：えーと、お飲み物はどうなさいますか。

客1：3人とも生ビールで。

店員：かしこまりました。では、すぐに生ビールをお持ちいたしますので、前からお皿をお取
　　　りいただくか、紙に書いてご注文ください。

ユニット4 チャレンジ問題

場面**1** 🔊27

■解答
①お入りです（尊敬語）

伝えたいこと:〈確認〉　留学生の人だと、国民健康保険に入っていますよね。
②お住まい（尊敬語）

伝えたいこと:〈お願い〉　まず、今住んでいる市で、「転出」の手続きをするときに、国民健康保険についても一緒に手続きしてください。

■スクリプト
〈市役所の「市民課」のカウンターで、職員とその市に引っ越してくる人が話しています。〉
転入者:すみません。「転入」手続きは、引っ越しをする前からはできないんでしょうか。
職員　:それはできません。「転出」はお引っ越しの前後2週間お手続きいただけますが、「転入」の手続きはお引っ越しの後でなければできないことになっておりまして……。お忙しいとは思いますが、お引っ越し後、2週間以内にお手続きなさってください。
転入者:あ、わかりました。ありがとうございました。あのう、それから、ほかに何か引っ越したときに、市役所でしなければならない手続きはありますか。
職員　:えっと、①留学生の方ですと、国民健康保険にお入りですよね。
転入者:ああ、はい。
職員　:じゃ、そちらもお手続きがございます。
転入者:あ、そうですか。
職員　:はい。②まず、現在お住まいの市で、「転出」のお手続きをするときに、国民健康保険についても一緒に手続きしてください。お引っ越しした後で、こちらの市民課で「転入」のお手続きをなさって、それから2階の「国民健康保険課」というところに行ってください。
転入者:わかりました。ありがとうございました。

■解答

①お借りいただけます（謙譲語）

　　伝えたいこと：〈説明〉　このカードで、一人10冊まで２週間借りてもらえます（＝借りられます）。

②ご返却ください（尊敬語）

　　伝えたいこと：〈お願い〉　でも延長は１回しかできないので、それでも読み終わらなかったら、一度返却してください。

■スクリプト

〈貸し出しカウンターの前に立っている利用者に、カウンター内の図書館員が声をかけます。〉

図書館員：貸し出しですか。

利用者　：あ、あのう、私、この区に住んでいないんですが、本を借りることができますか。

図書館員：区内に在学、在勤の方は、大丈夫ですよ。

利用者　：在学、在勤？

図書館員：ええ。区内の学校の学生さんや区内にお勤めの方であれば、貸し出しできます。

利用者　：あ、区内の大学の学生です。

図書館員：それでしたら、貸し出しカードをお作りいただけます。学生証と、ほかに何か身分証明書をお持ちですか。

利用者　：在留カードでいいですか。留学生なんで。

図書館員：あ、外国の方ですね。じゃ、在留カードと学生証を確認させていただいた上で、貸し出しカードをお作りしますね。少々お待ちください。

＊＊＊

図書館員：お待たせしました。こちら当館の貸し出しカードでございます。①このカードで、お一人10冊まで２週間お借りいただけます。お返しの際は、こちらにお持ちいただくか、区役所や駅前にこのような返却ボックスがございますので、そちらからご返却いただけます。ただし、返却ボックスに入らない大きな絵本などや、壊れやすいCDなどは、直接、当館のカウンターでお返しください。

利用者　：もしも、２週間で読み終わらなかったら、もう一度借りることができますか。

図書館員：はい、それもできますが、当館のホームページから、２週間延長の手続きができます。返却期限の２日前からお手続きいただけますよ。

利用者　：あ、そうなんですね。よかった。日本語の本を読むのがまだ遅いので……。

図書館員：そうですか。えー、②でも延長は１回しかできませんので、それでも読み終わらなかったら、一度ご返却ください。

利用者　：じゃ、がんばって早く読みます。ありがとうございました。

■解答

①運ばれる（尊敬語）

伝えたいこと：〈お願い〉音楽会に必要な楽器を運ぶときは、階段や壁に傷がつかないように十分気を付けてください。

②帰られる（尊敬語）

伝えたいこと：〈お願い〉帰るときには、利用報告書の提出をお願いします。
（＝帰るときには、利用報告書を提出してください。）

■スクリプト

〈コミュニティーセンターの音楽室で、音楽会開催を希望している利用者が、受付の人に説明を受けています。〉

受付の人：こんにちは。2階の音楽室で音楽会の開催をご希望の佐藤様ですね。

利用者　：はい。よろしくお願いします。

受付の人：はい。では、ご利用方法と注意点についてこれからご説明します。まず、音楽室のご利用日時が確定しましたら、当センターホームページより1か月前までにご予約ください。お知らせ用のポスターは、2週間前までにご提出いただけましたら、ホームページなどに掲載いたします。①音楽会に必要な楽器を運ばれる際は、階段や壁に傷がつかないよう、十分お気を付けください。何か問題が起きた場合は、ご利用案内書に書かれているとおり、ご対応をお願いします。

利用者　：はい。

受付の人：次に、音楽会当日の注意点ですが、本センターは多くの方が利用されていますので、音漏れを避けるために音楽室の扉はお閉めください。なお、音楽会に来られた方々の受付を予定されている場合は、音楽室入口にてお願いします。本センター受付では対応しかねますので、ご了承ください。最後に、音楽会の後ですが、音楽室の中を元の状態にお戻しください。②また、帰られる際には、利用報告書のご提出をお願いします。

利用者　：はい、わかりました。

場面 4 🔊30

■解答

①ご利用いただく（謙譲語）

伝えたいこと:〈説明〉　このスポーツセンターを利用してもらう（＝利用する）方法としては、団体利用と個人利用の２つがあります。

②お使いいただける（謙譲語）

伝えたいこと:〈確認〉　利用時間や使ってもらえる（＝使える）施設が違いますが、お客さんは個人利用を希望ですね。

■スクリプト

〈スポーツセンターを利用したいと思っている人が、受付の人に説明を受けています。〉

受付の人:それでは、ご案内をいたします。はじめに、①こちらのスポーツセンターをご利用いただく方法としましては、団体利用と個人利用の２つがございます。②ご利用時間やお使いいただける施設が違いますが、お客様は個人利用をご希望ですね。

利用者　:あ、はい。

受付の人:個人利用の方は、ご利用日当日に、受付前にある券売機で利用券をご購入ください。利用券は、利用されるエリアによって料金が異なりますので、券売機横の料金表で確かめてくださいますようお願いします。タオルやシューズなどのレンタルも可能です。ご希望の際は、隣の中央カウンターにお越しください。

利用者　:わかりました。

受付の人:次に、小さなお子様がいらっしゃる場合ですが、10歳以下のお子様には保護者の付き添いが必要となります。ご協力をお願いします。

ユニット5 チャレンジ問題

場面1 🔊 34

■解答

①ご来院 (尊敬語)

　伝えたいこと:〈お願い〉 次回から来院するときに出してください。

②お受け取りください (尊敬語)

　伝えたいこと:〈お願い〉 処方せんは、保険証と一緒に薬局に出して、薬を受け取ってください。

③ご存じです (尊敬語)

　伝えたいこと:〈質問〉 みなと薬局がすぐ近くにありますが、知っていますか。

■スクリプト

〈病院の診察が終わり、会計をします。〉

会計:リーさま、どうぞ。

患者:はい。

会計:保険証をお返しします。こちらの診察券をお作りしましたので、①次回からご来院の際にお出しください。保険証は、毎月最初の診察の際に確認しますので、受付に診察券と一緒にお出しください。それから、次回からなるべく電話で予約をお取りいただければ助かります。予約の際は、こちらの電話番号へお願いします。

患者:はい、わかりました。

会計:それでは、本日のお会計は1,200円になります。

患者:はい。これでお願いします。

会計:はい、1,200円頂戴しました。②処方せんは、保険証と一緒に薬局にお出しになり、お薬をお受け取りください。③みなと薬局がすぐ近くにありますが、ご存じですか。

患者:はい、わかります。ありがとうございました。

会計:どうぞ、お大事に。

■解答

①お飲みになっているんです（尊敬語）

　　伝えたいこと：〈確認〉　今、アレルギー用の薬を飲んでいるんですね。

②覚えていらっしゃいます（尊敬語）

　　伝えたいこと：〈質問〉　薬の名前は覚えていますか。

③お持ちでしょう（尊敬語）

　　伝えたいこと：〈質問〉　じゃあ、お薬手帳を持っていますか。

■スクリプト

〈調剤薬局で薬剤師と客が話しています。〉

薬剤師：いらっしゃいませ。処方せんをこちらのケースにお入れください。

客　　：はい。

薬剤師：あの、こちらは初めてですか。

客　　：あ、はい。

薬剤師：では、保険証をお願いいたします。それから、こちらの問診票にご記入ください。

客　　：はい。……これでいいですか。

薬剤師：ありがとうございます。①今、アレルギー用のお薬をお飲みになっているんですね。
　　　　②お薬の名前は覚えていらっしゃいますか。

客　　：すみません。ちょっとわかりません。

薬剤師：③じゃあ、お薬手帳をお持ちでしょうか。

客　　：今、持っていません。忘れました。

薬剤師：わかりました。では、お呼びしますので、そちらで少しお待ちください。

＊＊＊

薬剤師：山田さん。

客　　：はい。

薬剤師：こちらが歯の痛み止めのお薬です。1週間分です。毎食後に1カプセルずつお飲みく
　　　　ださい。

客　　：わかりました。

薬剤師：それから、こちらがお薬の説明シールですので、お薬手帳にお貼りください。1,150
　　　　円になります。

客　　：はい。現金で。

薬剤師：では、1,150円ちょうどいただきます。お大事になさってください。

■解答

①担当いたします（丁重語）

　　伝えたいこと：〈あいさつ〉　今日、担当する高橋です。

②なさいます（尊敬語）

　　伝えたいこと：〈質問〉　今日はどうしますか。

③お似合い（尊敬語）

　　伝えたいこと：〈説明〉　とても似合っています。

■スクリプト

〈客が美容院の椅子に座って、美容師と話しています。〉

美容師　：こんにちは、①本日、担当いたします高橋です。

客　　　：あ、よろしくお願いします。

美容師　：②今日はどうなさいますか。

客　　　：こんな感じにしたいんですけど。（スマホで髪型を見せる）

美容師　：これは前髪がけっこう短いですけど、大丈夫ですか。

客　　　：そうですね……前髪は目にかからないぐらいの長さで。

美容師　：わかりました。後ろは肩につくくらいですね。

客　　　：はい。それでお願いします。

＊＊＊

美容師　：いかがですか。

客　　　：はい。ちょうどいいです。

美容師　：よかったです。③とてもお似合いです。お疲れ様でした。

客　　　：ありがとうございました。

〈美容院の受付で、受付の人と客が話しています。〉

受付の人：本日は、シャンプーとカットですので6,000円、消費税合わせまして6,600円に

　　　　　なります。当店のクーポンはお持ちですか。

客　　　：いえ、ありません。

受付の人：本日、当店の会員登録をされると、次回500円を料金から引かせていただきます

　　　　　が、どうされますか。

客　　　：あ……今回は結構です。カードでいいですか。

受付の人：はい、では、こちらに差し込みをお願いします。

ユニット6 チャレンジ問題

■解答

①お席(尊敬語)

　伝えたいこと:〈説明〉　みなさんには、まず、黄色い台の上から青竹を自分の席に持って
　　　　　　　　　　　　　　行ってもらいます。

②座っていらっしゃる(尊敬語)

　伝えたいこと:〈お願い〉　(材料は)みなさんが座っている後方に1セットずつ置いてある
　　　　　　　　　　　　　　ので、各自持って行ってください。

③いらっしゃってください(尊敬語)

　伝えたいこと:〈お願い〉　もみ殻は、この入口近くの入れ物にまとめて入れてあるので、必
　　　　　　　　　　　　　　要なときに取りに来てください。

■スクリプト

〈イベント会場で、スタッフが参加者に「ミニ門松作り」について説明しています。〉

スタッフ:みなさん、こんにちは。今日は「ミニ門松作り」にご参加いただき、ありがとうござ
　　　　います。私から、今日の流れをご説明します。①みなさんには、まず、黄色い台の
　　　　上から青竹をご自分のお席に持って行っていただきます。切り口を斜めに切った
　　　　ものを3本1組にしてありますので、1組お持ちください。前にあるのこぎりをお
　　　　使いになって、それぞれ長さを調節してください。そのほかの材料は、②みなさん
　　　　が座っていらっしゃる後方に1セットずつ置いてありますので、各自お持ちくださ
　　　　い。③もみ殻は、こちらの入口近くの入れ物にまとめて入れてありますので、必要
　　　　なときに取りにいらっしゃってください。では、始めましょう。

■解答

①申します（丁重語）

　伝えたいこと：〈あいさつ〉　私は新婦まゆみさんの友人で、キムと言います。

②述べさせていただきます（謙譲語）

　伝えたいこと：〈説明〉　一言お祝いを述べさせてもらいます（＝述べます）。

③拝見して（謙譲語）

　伝えたいこと：〈説明〉　幸せそうなまゆみさんを見て、私もとてもうれしいです。

■スクリプト

〈結婚式で、友人のキムさんがお祝いのスピーチをしています。〉

キム：まゆみさん、勇二さん、本日はおめでとうございます。①私は新婦まゆみさんの友人で、キムと申します。②一言お祝いを述べさせていただきます。まゆみさんとは大学の国際交流サークルで出会い、卒業後も親しくさせていただいております。まゆみさんはサークルのイベントを主体的に計画して実行する、とても行動力のある方です。そして、留学生には優しく親切に接してくれて、たくさんの留学生から慕われ、頼りにされる存在でした。私自身も日本の大学に留学いたしました当初は不安な毎日でしたが、サークルに入ってまゆみさんにはいろいろ教えていただいたり、助けていただいたりして、本当にお世話になりました。まゆみさんのご実家に遊びに行ったり、私のふるさとにも遊びに来てくれたりと、楽しい思い出もたくさんございます。本日は本当にお美しく、③幸せそうなまゆみさんを拝見して、私も大変うれしいです。どうぞお幸せに。